札幌 小樽

旭山動物園

在北海道大學（P32）的楡樹之森附近的長椅稍作休息

從富良野、麓鄉（P123）的麓鄉瞭望台（MAP附錄P14C4）看出去的向日葵花田

又突然想去旅行了。
這次何不前往北方大地呢？
融合開拓時期歷史與現代感的札幌，
隨運河興起的港都．小樽。
若將足跡延伸至北海道正中央，還有旭山動物園及
自然資源豐富的美瑛．富良野。
每到不同的地方，就可感受不同風情。
這裡將搭配圖片介紹
這些令人心動的旅途一景。

右：小樽洋菓子舖Le TAO本店（P89）的蛋糕
中：旭山動物園的轉蛋（P117）
左：位於大通公園西側的札幌市資料館（P36）

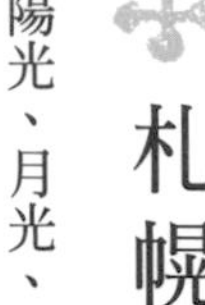

札幌

陽光、月光、霓虹燈
似乎都特別偏愛這個城市

雪花紛飛中的札幌市鐘塔及五芒星屋頂（P26），雪印パーラー（P30）的聖代，能感受開拓時代氛圍的北海道廳舊本廳舍（P28），圓山的咖啡廳・円山茶寮（P75）

小樽

充滿懷舊風情的港都
觸動纖細的情感

北一硝子三号館（P90）的風鈴及器皿，小樽車站（P86）的瓦斯燈，小樽オルゴール堂本館（P91）的音樂盒，小樽運河（P86）畔的多間倉庫。

旭山動物園

快看！快看！
企鵝飛在天上呢！

上半：旭川市旭山動物園（P110）的動物 下半：四季彩之丘（P121）、五郎石造小屋（P123）、Café de La Paix（P125）的蛋糕、富田農場（P122）、富良野戲劇館（P123）的商品

美瑛・富良野

無邊無際的青空、鳥鳴
清爽的微風吹拂。

上半：富田農場（P122）的飲料，RESTAURANT ASPERGES（P125）的菜餚、手作りパンカフェ picnic（P124）店內
下半：美瑛（P120）的紅屋頂之家（MAP附錄P15B3）

札幌、小樽是什麼樣的地方？

融合現代×歷史的札幌
洋溢鄉愁的港都小樽

北海道主要城市．札幌有約190萬人居住。除了有像北海道廳舊本廳舍（☞P28）等眾多景點，還有集合所有北海道美味的美食街。小樽為距離札幌約40km的日本海沿岸港都。曾為商業都市的小樽，莊嚴的銀行建築與石造倉庫並排林立，可充分享受懷舊之情。

綠意盎然的札幌綠洲．大通公園（☞P36）

充滿港都氛圍的小樽北運河（☞P92）

©北海道新聞社

札幌雪祭（☞P41）巨大雪雕並排林立

推薦的旅遊季節為？

夏季涼爽適合觀光
冬季可享受祭典與美食

最佳觀光季節非夏季莫屬。札幌即使在8月依然是平均氣溫23℃的涼爽天氣。空氣清澄乾爽，感覺十分舒適。此外也推薦可欣賞銀色世界的冬季。不僅北海道風情畫．札幌雪祭（☞P41）於此時舉行，各種海鮮名產的脂肪分佈恰到好處，正是最美味的時候。

造訪札幌、小樽前的必備旅遊知識

可一享城市觀光之樂的北海道主要都市．札幌，與洋溢港都風情的小樽為2大觀光地。本書將介紹兩地主要觀光景點與可順道前往的地方。不妨仔細預習，為旅行做好萬全的準備吧。

怎麼去？

從東京搭飛機約1個半小時 也可悠閒地利用鐵道前往

羽田～新千歲機場間飛機班次頻繁，日本國內各主要機場也都有直飛班次。旅行社的機加酒方案及LCC（廉價航空）也提供各種便宜機票。若時間上有餘裕，也很推薦搭乘2016年春天開通的北海道新幹線，來場悠閒的鐵道之旅。

想節省時間，就搭班次多的飛機

以動物行為展示聞名的旭川市旭山動物園（☞P110）

富良野的富田農場（☞P122）的薰衣草花田

該怎麼安排行程？

札幌、小樽2天1夜 +1天還可去旭山動物園

札幌若加上羊之丘瞭望台（☞P70）等市郊觀光行程會花上一整天。小樽只需半天就可逛完所有主要景點，因此一般會安排2天1夜行程。若3天2夜可再加入旭川市旭山動物園（☞P110）到行程中。若能再加一天就可從旭川出發，前往美瑛、富良野（☞P120）。

有哪些必看景點？

札幌為鐘樓、磚瓦建築 小樽為運河及北國華爾街

記得去看看位於札幌的北海道開拓中心地北海道廳舊本廳舍（☞P28），擁有長達130年歷史的鐘樓（☞P26）等，開拓時期的歷史建築。也別錯過羊之丘瞭望台（☞P70）等市郊景點。小樽除了經典的小樽運河（☞P86）之外，也務必看看可追憶昔時榮景的北國華爾街（☞P95）。

現在依然準確報時的札幌市鐘樓（☞P26）

充滿懷舊風情的小樽運河（☞P86）

北國華爾街（☞P95）銀行建築保存完整

美瑛町的留辺蘂一帶，處處是悠閒的田園風光

可從車窗眺望蔚藍大海的積丹半島兜風之旅

若想開車兜風？

到自然美景遼闊的美瑛、富良野 想眺望海景就到積丹半島

若想享受北海道式的宏偉自然風光，就離開都市前往大自然吧。從旭川出發前往美瑛、富良野（☞P120），就可遇見如畫般的山丘風景及一望無際的花田。若從小樽出發，推薦沿著擁有美麗海岸線的積丹半島（☞P104）兜風。還可享用季節限定美味海膽丼。

有哪些必吃美食？

一定要嘗嘗海鮮料理與拉麵 也別錯過鮮奶製甜點

除了發源於札幌的味噌拉麵（☞P52）及蒙古烤肉（☞P56）等札幌名產外，也記得試試北海道各地的當季海鮮美食。洋溢新鮮風味的牛奶甜點（☞P30）是必吃品項。在小樽則有港都才有的鮮魚壽司及海鮮丼（☞P96）。也別忘了LeTAO的甜點（☞P89）。

雪印パーラー（☞P30）的聖代，牛奶滋味香濃

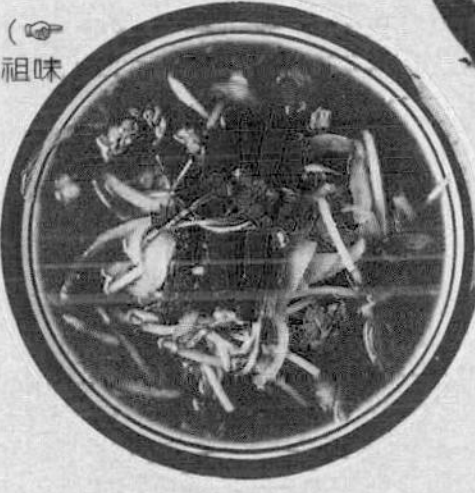

在味の三平（☞P52）品嘗元祖味噌拉麵

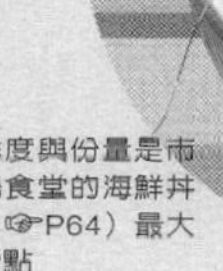

鮮度與份量是市場食堂的海鮮丼（☞P64）最大賣點

小樽玻璃的老字號・北一硝子（☞P90）的商品

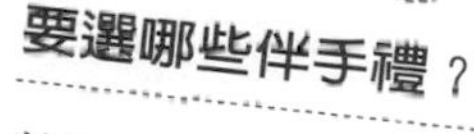

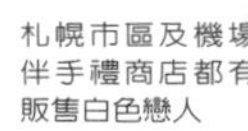

札幌市區及機場伴手禮商店都有販售白色戀人

要選哪些伴手禮？

熱門經典的知名零食 傳統×現代的手工藝品也不賴

包括大家最喜歡的白色戀人（☞P71）等有名甜點。若想來點不一樣的，可選起司或湯等美食類伴手禮（☞P66），或北海道美妝產品（☞P25）。可愛的玻璃製品及音樂盒（☞P90）已是小樽經典伴手禮。也找找送給自己的特別紀念品吧。

3天2夜鐵道旅行
札幌～小樽～旭山動物園之旅

濃縮各地知名觀光景點的充實行程。
可探訪歷史建築，或沉浸於如畫般的風景。
品嘗海味、拉麵等當地美食，並尋找伴手禮也是樂趣所在。

第1天

出發！

10:00 新千歲機場

有溫泉與電影院的機場（☞P130）。從連通站搭乘JR機場快速列車前往札幌37分。

10:45 札幌車站

一定要享受一下從北海道最高的JR塔展望室T38（☞P22）看出去的美景。

札幌的地標

11:15 札幌市鐘樓

日本最古老的使用中的鐘塔。館內展出同型號的大鐘內部構造（☞P26）。

11:45 大通公園&札幌電視塔

東西狹長的大通公園（☞P36）為休憩場所。東側矗立著豔紅的電視塔（☞P37）。

午餐就吃札幌拉麵

12:45 味の三平

一定要在知名的味噌拉麵店家享用發源地的好味道。11:00～14:00必定大排長龍（☞P52）。

14:00 北海道廳舊本廳舍

這棟磚瓦建築為過去北海道的政治中心。完整保留開拓時期的外觀（☞P28）。

14:45 雪印パーラー

創業超過半世紀的老字號。大量使用北海道鮮乳的聖代約有20種選擇（☞P30）。

16:00 札幌啤酒博物館

札幌啤酒博物館是由風情萬種的紅磚建築改建。提供付費試喝（☞P57）。

17:00 札幌啤酒園

沒有腥味的羔羊蒙古烤肉，搭配工廠直送的新鮮生啤酒享用（☞P56）。

住兩夜

20:00札幌的飯店

推薦選在景點眾多、交通也方便的札幌車站～薄野一帶（☞P78）。

第2天

早安！

10:00小樽站

從札幌站搭乘JR機場快速列車32分。登錄為國家有形文化財的車站建築也是一個景點（☞P86）。

小樽觀光的重點

10:15小樽運河

石造倉庫沿著運河林立，形成優美的景觀。淺草橋為拍攝紀念照的最佳地點（☞P86）。

10:30 北國華爾街

保留舊有銀行建築的街道。外觀莊嚴的日本銀行舊小樽分行（☞P87）現為資料館對外開放。

特別的伴手禮

11:00 堺町通

許多玻璃工藝及音樂盒的店家都在這裡，可在此購買小樽伴手禮（☞P88～91）。

12:30 魚屋直営食堂 うろこ亭

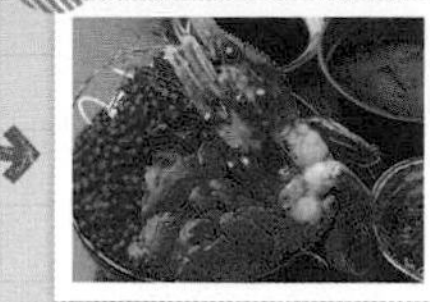

在海鮮物產店附設的食堂，享用以份量及鮮度為賣點的海鮮丼（☞P97）。

13:30 北運河

離開熱鬧的堺町通，前往舒適寧靜的北運河。此區洋溢著港都風情（☞P92）。

欣賞北運河風景小憩一番

14:00 PRESSCAFÉ

利用面向運河、屋齡100年以上的石造倉庫改建。可在懷舊的氛圍中享用甜點（☞P101）。

19:00 炉ばた焼 ウタリ（札幌）

晚餐回到札幌，前往薄野的爐邊烤肉餐廳。一定要嘗嘗肥美的魠魚。

第3天

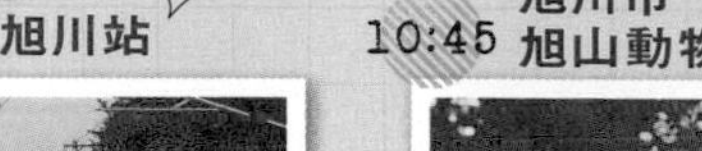

搭乘特急旭山動物園號

10:00 旭川站

從札幌到旭川搭乘可愛的特別列車約1小時40分。記得先確認行駛日（☞P110）。

10:45 旭川市旭山動物園

以動物生態展示聞名的動物園。可好好觀察動物們（☞P110）。

一定要看看餵食秀

在餵食時間可觀賞餵食秀並聆聽養育員解說，是旭山動物園的重點活動。

13:30 旭川らぅめん青葉本店

說到旭川名產就屬豚骨&海鮮湯底的拉麵了。在老店來碗道地的拉麵吧（☞P118）。

16:30 新千歲機場

從旭川搭乘JR機場快速列車約2小時。可在機場做伴手禮的最後採購（☞P133）。

若起飛前還有時間可泡溫泉

上飛機前先到4樓的天然溫泉放鬆身心。徹底舒緩旅途疲憊後再踏上歸途（☞P131）。

若還有時間務必前往！

若為4天3夜，就可連美瑛、富良野一起玩遍

如畫般的山丘風景巡禮—美瑛

小麥田、馬鈴薯田等農田如拼貼畫般交錯的穀倉地區。周邊有不少寧靜舒適的秘密基地咖啡廳（☞P120）。

到薰衣草田與日劇攝影地—富良野

7月中～下旬時，山丘上一望無際的薰衣草田十分壯觀。可來趟倉本聰編劇的日劇「來自北國」等日劇攝影地巡禮（☞P122）。

叩叩日本
cocomiru ココミル

札幌 小樽 旭山動物園

Contents

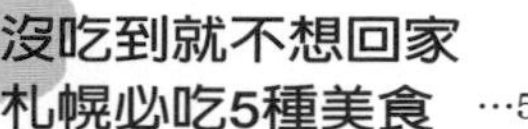

至今仍正確報時的鐘塔

也別忘了欣賞當季花卉

來點鮮奶製甜點放鬆一下

使用大量新鮮海鮮的海鮮丼

冬日五彩的夜間點燈十分美麗

札幌農學校第二農場的田園風光

古河講堂白色的外觀令人印象深刻

大口享用札幌發祥的湯咖哩

景點、美食，樂趣無窮
首先就到札幌去看看吧

保留開拓時期外觀的古老建築，當季花卉盛開、綠意盎然的公園，霓虹燈閃爍的鬧區，札幌的街道擁有多種不同的面貌。天空與道路都十分寬廣，洋溢著北海道特有的開闊感。當然也別錯過使用來自北海道各地食材烹調的美食。

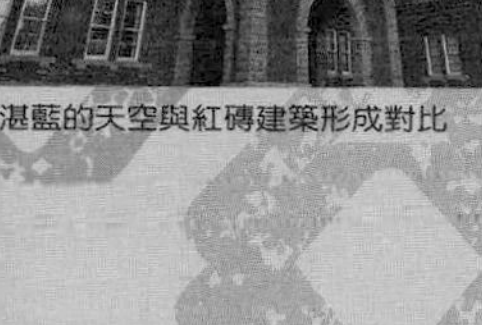

湛藍的天空與紅磚建築形成對比

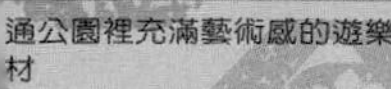

通公園裡充滿藝術感的遊樂
材

札幌是什麼樣的地方

札幌為北海道的政治、經濟、文化中心。有各式各樣的景點及美食。

觀光景點集中在3個地區

主要景點集中在札幌站周邊、大通公園和薄野這3個地區。車站周邊百貨商場林立的高樓大廈區，有紅磚建築及景色優美的展望台等觀光景點。從車站往南走就是大通公園，共有3路線交會的地下鐵大通站為市郊觀光的重要起點站。屬於鬧區的薄野可享用多彩的札幌美食。在市郊則有藻岩山瞭望台及羊之丘瞭望台等多處景點。

觀光前先搜集相關資訊

每個季節都可享受多種不同的美食與美景。若行程已決定，記得事先確認當時好吃的美食以及當季食材。也可多加利用札幌站（☞P21）及大通公園（☞P35）的旅遊服務中心。

洽詢 札幌觀光協會☎011-211-3341

洽詢 北海道札幌旅遊服務中心☎011-213-5088

也記得CHECK網站

歡迎光臨札幌
北海道札幌市官方旅遊網站

札幌市的官方旅遊觀光網站。網站會介紹室內觀光景點，每季觀光方式等各種實用資訊。

http://www.welcome.city.sapporo.jp/

さっぽろえきしゅうへん

札幌站周邊 1

…P20

商店、飯店等複合式設施－JR塔的所在地，是札幌的大門。車站南側有被暱稱為「紅磚屋」的北海道廳舊本廳舍。

1 介紹北海道開拓史的北海道廳舊本廳舍

すすきの

3 薄野

…P42

在霓虹燈閃爍的鬧區，有蒙古烤肉及爐邊燒等各式魅力美食。也可找間安靜的酒吧或深夜咖啡廳，享受熬夜的樂趣。

1 五光十色的薄野十字路口霓虹燈
2 好好享受知名酒保所調製的調酒吧

CHECK交通

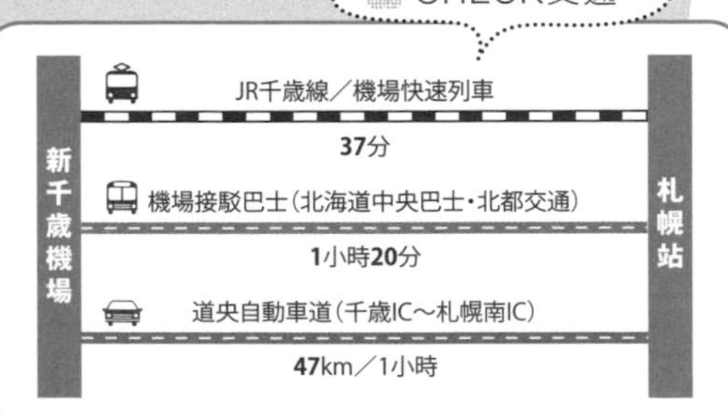

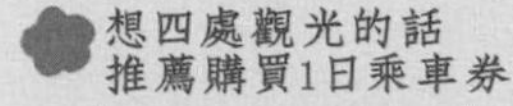

想四處觀光的話 推薦購買1日乘車券

若想遊逛市中心觀光景點，搭乘DOSANKO巴士較划算。週六、日，假日，年初年底（12月29日～1月3日）期間可無限搭乘市營電車全路線。

❶DOSANKO巴士卡310日圓，同時也是市營電車專用1日無限搭乘券 ❷也有週六、日、假日限定的地下鐵專用1日乘車券520日圓

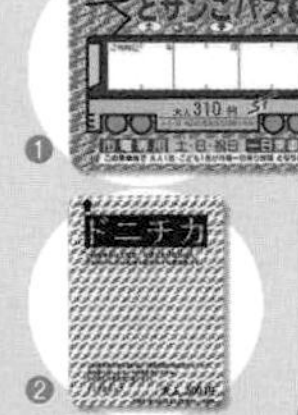

1 おおどおりこうえん

大通公園 2

…P34

東西延伸約1.5km的札幌市中心綠洲。在東邊的札幌電視塔（☞P37）瞭望台，可瞭望公園與街道美景。

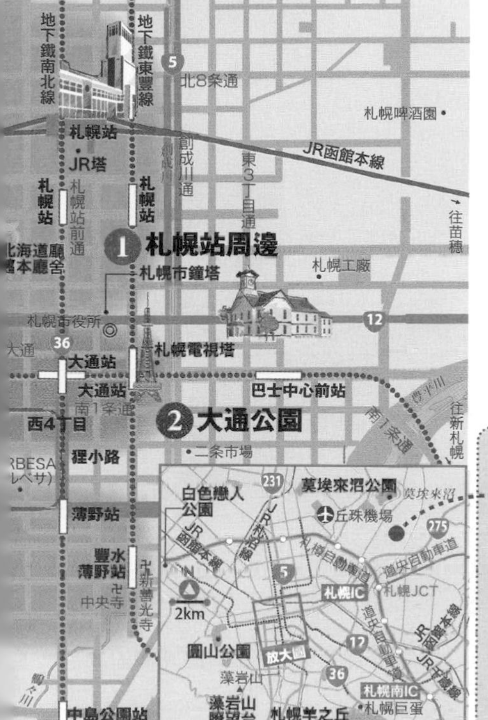

2

1 綠意盎然的公園讓人忘記自己正身處市中心
2 附近有許多甜點咖啡廳

近郊也有許多觀光景點

近郊有藻岩山瞭望台與莫埃來沼公園等衆多景點。從札幌市中心可當日來回（☞P68～77）

札幌羊之丘瞭望台

方便的巴士 さっぽろうぉ～く

繞行札幌啤酒園及大通公園等景點一圈約30分。乘車一次200日圓，7:00～23:00約每20分鐘一班。洽詢 中央バス札幌ターミナル ☎011-231-0500

▶要去走路起來稍微遠一點的地方時就很方便

さっぽろうぉ～く的主要停靠站

札幌站前（東急百貨南面）▶2分▶ 北一条 ▶3分▶ 札幌工廠 ▶9分▶ 札幌啤酒園

札幌啤酒園 ◀6分◀ 札幌工廠 ◀6分◀ 大通公園 ◀1分◀ 鐘塔前 ◀2分◀ 札幌站前

從早到晚120%的享樂 充分享受札幌1日行程

首先從車站往南走，前往鐘塔及電視塔等必訪景點。午餐就吃知名的味噌拉麵吧。飯後經大通回到車站周邊，在北海道大學校園內散步。在市郊的瞭望台享受完夜景後，到薄野品嘗令人讚不絕口的海鮮美食。

START

10:30 札幌站
步行10分
札幌站周邊
10:40 札幌市時計台 …P26
步行3分
大通公園
11:20 札幌電視塔 …P37
步行5分
12:00 味の三平 …P52
步行3分
13:00 大通公園 …P36
步行10分
札幌站周邊
13:30 北海道廳舊本廳舍 …P28
步行4分
14:10 雪印パーラー …P30
步行20分
15:30 北海道大學 …P32
步行＋地下鐵＋市營電車35分
札幌近郊
17:30 藻岩山瞭望台 …P68
徒步行＋市營電車30分
薄野
20:00 炉ばた焼 ウタリ …P44
步行

GOAL

22:00 札幌的飯店 …P78

重點看過來!

前往介紹開拓時期歷史的“紅磚建築”

北海道廳舊本廳舍為風情獨具的紅磚建築。可沉浸在開拓時代的歷史中（☞P28）

重點看過來!

一定要吃雪印パーラー的聖代

享受使用北海道產牛乳製作的鮮奶油與冰淇淋交織而成的華麗聖代（☞P30）

重點看過來!

參觀札幌的地標鐘塔

說到札幌觀光景點就是這裡了。參觀過館內後也別忘了拍張紀念照（☞P26）

結合觀光景點與購物區

札幌車站周邊

さっぽろえきしゅうへん

使用北海道原料的手工肥皂，很適合當做伴手禮

札幌車站周邊
就在這裡！

函館本線
札幌
5
北海道廳舊本廳舍
札幌站周邊
札幌市鐘塔
12
大通公園
大通
札幌電視塔
狸小路
薄野
南北線
東豐線
36

是這樣的地方

以擁有購物中心及美景展望台等多樣設施的JR塔為中心，附近知名百貨商場與電器行並排林立。稍微走遠一點就可抵達必訪觀光景點－紅磚建築及鐘塔，不愧是被譽為札幌門面的地區。此區還有旅遊服務中心及各種伴手禮店等各種方便的旅遊相關設施。

access

●從新千歲機場

【JR】搭乘機場快速列車到札幌站36分

【巴士】搭乘機場接駁巴士到札幌站1小時10分

洽詢

☎011-211-3341
札幌觀光協會

廣域MAP

附錄8E1～9B4

~札幌車站周邊快速導覽MAP~

先前往站內的旅遊服務中心

前往車站大樓內的北海道札幌「食と観光」情報館收集資訊。

☎011-213-5088

通往大通站的地下街

可完全不必擔心天候的地下街，步行到大通站約10分。

往北12条站 往北13条東站 地下鐵南北線 地下鐵東豐線 札幌燦路都大飯店 北6西2・北7西1 東横INN札幌駅北口 往苗穗站 往桑園站 HOTEL ROUTE-INN SAPPORO EKIMAE 北6西5 ヨドバシカメラ 函館本線 •北海道札幌「食と観光」情報館 札幌站 JR塔 JR Tower Hotel Nikko Sapporo JR塔展望室T38 JRイン札幌 JR 55 SAPPORO 札幌站前巴士總站 三井花園飯店札幌 大丸札幌店 3 2 paseo 1 札幌ESTA センチュリーロイヤルホテル 北5条手稻通 北5西3・北4西4 北4西6・北5西5 アスティ45 ホテルグレイスリー札幌 札幌駅前合同ビル KKRホテル札幌 札幌站 東急 札幌駅前 北3西1・北3西2 ホテルパールシティ札幌 北海道大學植物園 北海道庁 日本生命札幌ビル 札幌站前通地下街 雪印パーラー 中村屋旅館 北三条郵局 北海道廳舊本廳舍 ☞P28 札幌三井JPビルディング 北3条通 北3西3・北2西4 北2西2 ニューオータニイン札幌 紅磚露台 ホテル法華クラブ札幌 北海道警察本部 北海道庁赤れんが前郵局 CROSS HOTEL SAPPORO 札幌站前nest飯店 0 100m 道議会議事堂 札幌站前通 札幌格蘭大飯店東館 札幌格蘭大飯店本館 札幌格蘭大飯店別館 札幌中央署 札幌市鐘塔 ☞P26 230 北1西6 北1西3 北1条雁來通 北1西2 12 大通BISSE 札幌市役所 往大通站 往大通站

觀光提要

參觀紅磚建築及鐘塔約3小時

從北海道廳舊本廳舍（☞P28）逛起較有效率。從該處到鐘塔（☞P25）步行約5分，可好好仔細欣賞各景點。

尋找美食&伴手禮的好去處

1 札幌 ESTA

除了有大型電器行與雜貨用品店外，10樓為美食街，在「札幌拉麵共和國」還有以北海道為中心共8間各地知名拉麵店進駐。

☎011-213-2111(代表號)

※札幌拉麵共和國等店家營業時間可能有異動

❶與JR札幌站相連

❷麵処白樺山荘的味噌拉麵

2 paseo

與札幌車站相連的購物區。西側聚集許多和洋中式餐廳及咖啡廳。

☎011-213-5645(代)

3 大丸札幌店

地下食材食品賣場「ほっぺタウン」有約100間店進駐，可在此購得大丸限定商品。

☎011-828-1111(代)

車站周邊兩大景點大攻略！JR塔&紅磚露台

參觀需時 1小時

先登上與車站相通的地標－JR塔的頂樓，好好欣賞札幌市區的景致後，再到名店林立的紅磚露台，享用美味的北海道美食吧。

▲可盡享360度的全景。天氣晴朗時還可遠眺小樽或夕張岳。

瞄準甜點&伴手禮

てぃーかふぇ

T'CAFE

可享受美景和輕食的咖啡廳。18時以後則為酒吧。

🕒10時～22時30分LO(餐點)

▶自製的蛋糕&飲品套餐530日圓～

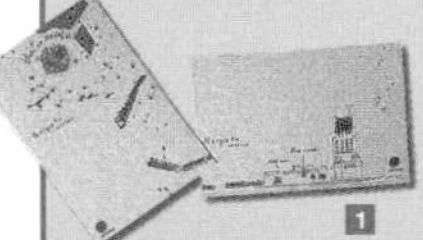

1

2

てぃーしょつぷ

T'SHOP

販售T38原創甜點和雜貨的商店。

🕒10～21時

1紙張中含有玉米皮，JR塔獨家販售的玉米紙插畫明信片1張165日圓 2以JR塔的時鐘為範本所製的星星大掛鐘5700日圓

じぇいあーるたわーてんぼうしつたわーすりーえいと

JR塔展望室T38

北海道第一高的美景瞭望台

位於JR塔頂樓38樓，離地160m，是北海道最高的瞭望室。可將街道呈棋盤狀的市中心、周圍的山丘、與遠方的石狩灣等東西南北的全景盡收眼底。瞭望室內附設咖啡廳及販售原創商品的商店。也別錯過雕刻家．五十嵐威暢先生的陶瓦等裝飾樓層的藝術品。

☎011-209-5500 住札幌市中央区北5西2-5 ¥入場720日圓 🕒10～23時(入場～22:30，可能有調整) 休無休 交與JR車站相連 P2000輛(消費顧客免費※不含入場費) MAP附錄P8E2

▲JR塔為含飯店和部分商店所構成的複合式設施

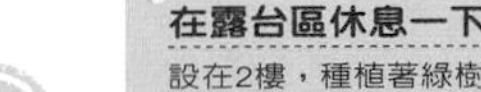

在露台區休息一下吧

設在2樓，種植著綠樹的挑高設計室外露台，以及位於5樓，可眺望紅磚建築的瞭望藝廊等空間，是館內最受歡迎的休息空間。

享盡北國美味，推薦這3間！

白天為咖啡廳、晚上則變身為酒吧

つばきさろん×まるやまぱんけーき

椿サロン×円山ぱんけーき

咖啡廳

由北海道內人氣首屈一指，以室內裝潢品味著稱的咖啡廳－椿カフェ，以及本店位於圓山的人氣鬆餅店共同合作的咖啡廳。可在高雅的空間中享用加入瑞柯達起司下去製作，口感鬆軟的鬆餅。

☎011-222-2000 ⏰10～16時LO 休無休

王子的鬆餅1620日圓
配上當季水果以及冰淇淋的鬆餅，附飲料

ざ にっか ばー

THE NIKKA BAR

酒吧

円山ぱんけーき到了晚上，打上燈光即變身為沉穩的風格酒吧。在這裡可品嚐到余市的蒸餾廠NIKKA出品的威士忌。21時開始有現場的鋼琴演奏。也備有古巴出產的雪茄。

☎011-222-2000 ⏰18～23時LO (週五、六為～翌日1時30分LO) 休無休

品酒組合 1組2500日圓～
可細細品嚐比較3種威士忌

ぶーらんげりー ころん

boulangerie coron 紅磚露台店

烘培坊

販售只使用北海道產原料的麵包。有50種以上的麵包可選，每一種皆使用100%北海道產小麥粉。餡料也採用北海道產的水果或起司等食材。另外也販售與麵包很搭的北海道產葡萄酒。半瓶1404日圓～。

☎011-211-8811 ⏰8～20時 休無休

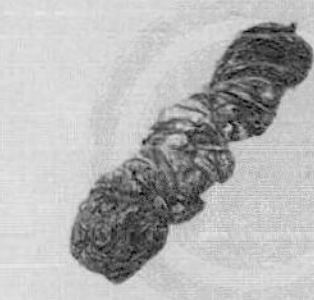

◀加入北海道玉米的道產玉蜀黍田園風麵包247日圓

▶以長時間低溫發酵，小麥風味濃郁的法式長棍麵包216日圓

▼十勝奶油麵包中有十勝產的紅豆餡以及山中牧場的發酵奶油

あかれんが てらす

紅磚露台

紅磚的廳舍建築旁名店林立

2014年8月28日開幕的複合式商業設施。地下1樓到地上4樓的空間，共網羅27間商店和餐廳。建築本身是由設計東京中城的市內設計師－清水卓所設計。以「札幌的中庭」為概念，使用大量的紅磚和木材，營造出自然的風情。與札幌站前地下街相連，交通也相當方便。

☎因店鋪而異 住札幌市中央区北2西4-1 ⏰因店鋪而異 休無休 交JR札幌站步行5分 P付費56輛 MAP附錄P8D3

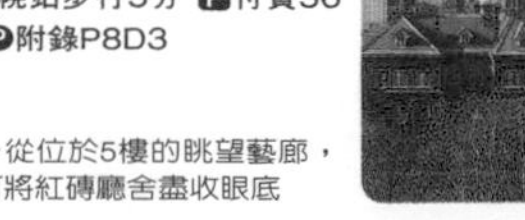

▶從位於5樓的眺望藝廊，可將紅磚廳舍盡收眼底

紅磚露台的展望室裡播放的背景音樂，是將太陽系的行星位置、或移動軌跡，轉換為音階而成的「行星音樂」。

買Made in Hokkaido 當作送給自己的特別紀念

在購物景點密集的札幌車站周邊，尋找特別的紀念品。
札幌特有的可愛小物，或是以北海道原料製作的天然美妝品，挑一個自己喜歡的吧。

時尚又可愛 流行&室內小物

象徵美麗的北海道之冬

冰凍三角錐1個2700日圓（左）
冰凍雪花1個864日圓（右）
冰雪形狀的蠟燭。冰凍雪花還可浮在水面上，十分有趣。

摸起來十分舒服的藍染圍巾

藍染、生藍染圍巾
有機棉1條2500日圓
混紡絲1條4500日圓
使用藍染麻、棉、絲等材質的圍巾。顏色依染法有所不同。

讓午餐時間變得更多彩的小物

GEL-COOL〈GEL-COO熊系列〉
1個（公・母）各1296日圓～
藍染、生藍染午餐墊
一張2300日圓
使用藍染麻線織成的午餐墊與蓋子內附保冷劑的白熊便當盒。

當作頭髮造型時的亮點

雪花髮圈
1個756日圓
附上雪花圖案的陶片裝飾髮圈。有多種顏色種類。

在桌上擺上可愛的動物們

3D ART 北海道動物 1張490日圓
santaro works卡片架 1個648日圓
打開就會跳出北海道動物的卡片，可搭配溫暖的木頭卡片架一起購買。

使用北海道產毛氈做成的毛茸茸動物

輕飄飄小羊群系列 1個1404日圓
靈感來自飄在札幌羊之丘空中的綿羊狀白雲。有擺飾、吊飾、書籤3種商品。

さっぽろすたいるしょっぷ

札幌スタイルショップ

札幌品牌的展示商店

店裡販售部分將札幌日常變成作品的「札幌風格」認證商品。集結市內企業與創作者們利用札幌風土與資源製作的小物。還提供禮物包裝服務，除了給自己，也很適合送給重要的朋友當伴手禮。

位在JR塔展望室T38（☞P22）櫃台旁

☎011-209-5501 住札幌市中央区北5西2-5JR塔東棟6樓 ⏰10～20時 休無休 交與JR札幌站相連 P收費 2000輛 MAP附錄P8E2

逛逛火腿鬥士隊的周邊商店

「ON-DECK」為北海道日本火腿鬥士隊官方商店。可在看球前去逛逛，選購加油棒等加油商品再前往球場。還販售各式時尚周邊商品。
☎011-857-3939 MAP附錄P8D2

擁有光滑的肌膚！試試北海道美妝產品吧

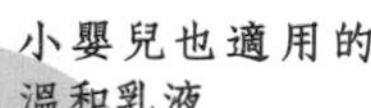

小嬰兒也適用的溫和乳液

北海道純馬油本舖
馬爽油10g 540日圓
質地細緻的馬油加上天然精油與蜜蠟的保濕乳液。適合全身使用。

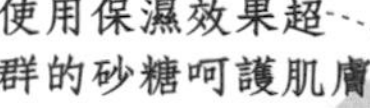

使用保濕效果超群的砂糖呵護肌膚

SWEETS SKIN CARE SUCRÉ
砂糖磨砂膏，Massage & Pack
各35g 1296日圓
使用植物油調和的甜菜糖磨砂膏。有薄荷、柑橘、薰衣草3種香味。

純蜂蜜製讓你擁有潤澤美肌

純蜂蜜沐浴乳
300ml 2052日圓（左）
蜂蜜精華香皂
90g 2700日圓（右）
使用道東・遠輕町養蜂園採集的接骨木花蜜。泡沫柔和細緻。

洗後清爽潤澤的舒適感

Savon de Siesta
紅豆香皂、白樺香皂 各80g 964日圓
植物油等原料採用不加熱的冷製法製成。能消除肌膚暗沈的紅豆最受歡迎。

保留天然顏色與香氣的化妝品

HaKaRa
白樺葉潤澤化妝水
120ml 1944日圓（左）
白樺葉潤澤乳液
80ml 2376日圓（右）
加入十勝產白樺葉萃取精華。化妝水為噴霧式，用起來清爽舒適。

ほっかいどうどさんこぷらざさっぽろてん

北海道どさんこプラザ札幌店

北海道各地特產於札幌站齊聚一堂

北海道車站内北海道札幌「食と光」情報館（☞P21）中的北海道特產展示商店。店內後方的北海道美妝特區販售使用北海道產天然原料的化妝水、乳液等約70種商品。

除了化妝品外，北海道各地特產也應有盡有

☎011-213-5053 住札幌市北区北6西4JR札幌駅西中央大廳北口 ⏰8時30分～20時 休無休 交與JR札幌站相連 P無 MAP附錄P8D2

「北海道美妝產品」，係指使用白樺、甜菜糖、鮭魚等北海道天然原料，並於北海道生產的商品。

在大都會的中央
感受札幌風情，參觀鐘塔

靜靜佇立於高樓間的白色鐘塔，是保留明治時期面貌的札幌地標。
聆聽時鐘報時的聲音，並參觀洋溢懷舊風情的鐘塔內部吧。

1

2

3

1沒有過多裝飾的木造建築。白牆與紅屋瓦形成美麗對比 2從對面大樓2樓陽台看出去的鐘塔 3裝飾著象徵北海道開拓時代的紅色星星

さっぽろしとけいだい

札幌市鐘塔

至今仍準確報時的塔頂時鐘

在札幌農學校（現北海道大學）第一任校長W.S. 克拉克博士的建議下，於明治11年興建。據說當時為練兵場，用來進行軍事訓練。1995年開始進行整修工程，自明治14年（1881）年完工以來，至今已有130年以上的歷史，是目前日本國內現存最古老的鐘塔，被指定為國家重要文化財。

☎011-231-0838 住札幌市中央区北1西2 ¥入館200日圓 ⏲8時45分～17時 休第4週一（逢假日則翌日休，5～10月無休） 交地下鐵大通站步行5分 P無 MAP附錄P8D4

綠色牆壁搭配木製窗框的復古2樓大廳

鐘塔隔壁的北海道義大利餐廳

鐘塔附近的「イタリア料理　イルピーノ」可嘗到鹿肉排1480日圓（照片）等使用北海道產食材烹調的義大利料理。☎011-280-7557 MAP附錄P8D3

MAP附錄P8D3

立刻來逛逛館內吧

先從1樓開始

小展示室

提供各種關於札幌、北海道歷史及國內外鐘塔的視聽資料。可在明亮的靠窗座位閱讀書籍。

▶過去曾為教室的展示室

小重點

在鐘塔裡照的照片可上傳至室內電腦的「回憶相簿」中。

大展示室

使用文字與立體模型介紹札幌農學校與鐘塔的歷史以及逸事。還可看到1995年進行復原工程的影片。

▶陳列農學校100:1的復原模型

往2樓

2樓大廳

完整重現植物學家宮部金吾等人於明治32年（1899）取得博士學位，舉行祝賀典禮時的大講堂。講堂後方的時鐘構造，與鐘塔的構造同為Howard公司製作。

▲展示時鐘構造說明書等寶貴資料

小重點

離鐘很近，可聽到渾厚的鐘響。推薦可在正午鐘響12次時前往。

買點俏皮可愛的伴手禮吧？

1樓商店有販售鐘塔原創角色周邊

鐘塔大臣資料夾1個324日圓等

印上吉祥物とっけ的小布袋裝奶油糖378日圓

注意這裡

Howard公司製作的時鐘構造

與實際使用的機關鐘構造相同。鐘塔為5層構造，內部有鐘、鐘擺。以及使用豐平川石頭製的鐘擺吊錘。

美國的Howard公司於昭和3年（1928）製作

從館內出來

最後別忘了照張紀念照

紀念照就從正門入口拍攝吧，也可從位於建築斜前方的攝影檯攝影。

▼要記得讓時鐘入鏡唷

以北極星為概念的紅色星星「五芒星」為北海道開拓時代的象徵。在鐘塔上共有17顆，可以找找看。

北海道廳舊本廳舍“紅磚屋”為北海道開拓時期的象徵

十分有味道的紅磚色建築，廣受市民喜愛，也被稱為“紅磚屋”。
可仔細參觀綠意盎然的前院及能感受開拓時代風情的歷史悠久建築。

▲壯觀的水泥建築。正面與背面都很美。

ほっかいどうちょうきゅうほんちょうしゃ

北海道廳舊本廳舍

昔日北海道的行政中心

直至明治21年（1888）新廳舍完成為止，此地曾為長達80年的北海道行政中心。美式風格的新巴洛克式建築被指定為國家重要文化財。館內有歷任首長與知事實際使用過的辦公室，以及北方領土相關資料展示室等衆多景點。天晴時也很推薦在四季風情不同的前院悠閒漫步。

▲前庭有2個水池，夏天有睡蓮盛開 ▶正門大廳的三連拱門裝飾十分亮眼

☎011-204-5019（代表號／平日8時45分～17時30分）住札幌市中央区北3西6 ¥免費入館 ⌚8時45分～18時 休無休 交JR札幌站步行7分 P無 MAP附錄P9C3

從扶手與牆壁也都感受到歲月的痕跡

植物園為市民的休閒場所

「北海道大學植物園」栽培、保育約4000種植物。研究用的各式庭園與溫室也開放一般民眾參觀。

☎011-221-0066 MAP 附錄P9B3

古典風格館內的特色景點

北海道立文書館

收集並保存北海道歷史相關文獻及紀錄的設施。附設文書閱覽室。

展出開拓大使日誌等珍貴資料的展示室

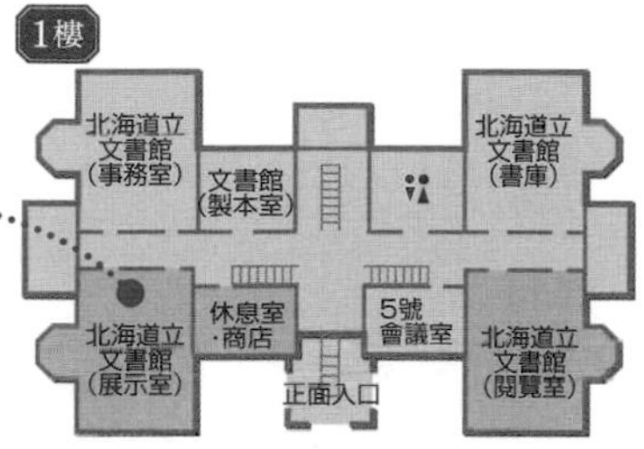

樺太關係資料館

館藏以與北海道關係密切的南樺太資料為主，現在也有薩哈林交流相關介紹。

有解說版、立體透視模型、日常生活用品等樺太相關資料展示

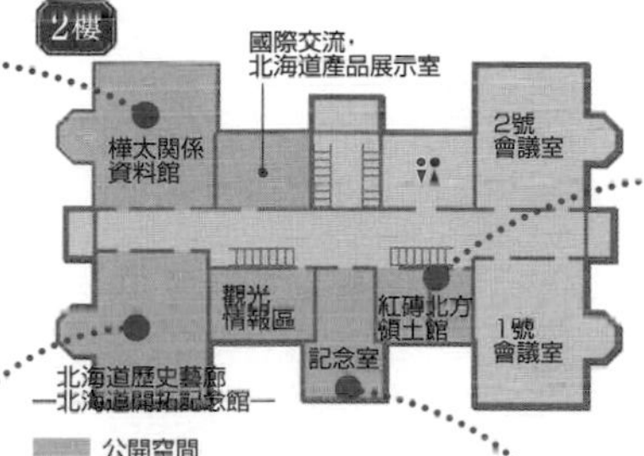

紅磚北方領土館

以解說板及影片簡明易懂地介紹北方領土歷史及問題。

展示室中央陳列著北方領土立體模型

北海道歷史藝廊 —北海道開拓紀念館—

陳列位於札幌近郊的北海道開拓紀念館之館藏。有動物標本及化石等值得一看的展品。

展出捕鯡魚用的道具等

紀念室

曾是首長及知事的辦公室。記得看看與其他房間有所不同的出入口及窗框。

❶牆上掛著歷代首長及知事的照片 ❷在大大的桌子旁日本國旗與北海道旗並列

"紅磚屋" 的歷史

明治6年（1873）有八角塔建築的「開拓使札幌本廳舍」落成。之後因火災燒毀，但據說第一任首長為了緬懷昔時建築，而在現今的紅磚屋也設計了八角塔。

北海道大學附設圖書館北方資料室館藏

❖ 以下是讓人覺得＼咦～／的建築小秘密 ❖

外牆共有約250萬個紅磚

色彩鮮明的外牆使用了多達250萬個左右的紅磚

建築物上的紅色星星是開拓的象徵

與鐘塔一樣，在這裡隨處可看到象徵北極星的五芒星

八角塔為繼承開拓使札幌本廳舍的造型

建築中央的八角塔，為模仿燒毀的開拓使札幌本廳舍設計。

舊本廳舍1樓的商店有販售名為「北海道道廳君」吉祥物的周邊商品。是十分受歡迎的伴手禮。

在札幌的代表名店 享用美味聖代

使用現擠牛乳製成的鮮奶油與冰淇淋交織而成的美味聖代。
在車站附近的知名甜點店，享用酪農王國·北海道才有的美味吧。

ゆきじるしぱーらー
雪印パーラー

使用新鮮牛奶的傳統甜點

創業50餘年的老店。使用傳統工法製作的香濃冰淇淋加上新鮮鮮奶油，變化出約20種琳琅滿目的聖代。可試試曾獻給昭和天皇的Snow Royal香草冰淇淋。

☎011-251-3181 住札幌市中央区北3西3-1 ⏰10時～20時30分LO(商店為9時～21時) 休無休 交JR札幌站步行5分 P無 MAP附錄P8D3

上頭放著輕柔的鮮奶油、生焦糖，以及香蕉

冰淇淋與焦糖的完美二重奏

使用一球經典香草冰淇淋與兩球香濃的焦糖冰淇淋。

最下面是切碎的戚風蛋糕。與冰淇淋一起享用吧。

生焦糖香蕉聖代 1430日圓

最受歡迎的聖代。牛奶風味冰淇淋與焦糖醬在口中完美融合。

散發著老店氛圍的室內裝潢

也嘗嘗看這些吧

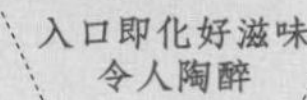

起司蛋糕是主角！

生起司蛋糕聖代 1670日圓

使用十盛產奶油起司做成的起司蛋糕，搭配滑順的鮮奶油，是店裡的人氣甜點。

入口即化好滋味 令人陶醉

Snow Royal香草冰淇淋770日圓

含高比例乳脂肪，擁有香濃滑順口感的冰淇淋。可吃到牛奶的原味。

札幌甜點好吃的原因

北海道生乳產量為國內頂尖。在札幌市內可零時差取得使用現擠牛乳製成的高級乳製品。最主要的理由就是能使用如此新鮮的原料。此外每年舉辦的札幌甜點大賞（☞P38）中，市內與近郊的甜點師傅一展身手，讓甜點品質不斷提升。

酸甜莓果與冰淇淋的絕妙組合

招牌霜淇淋，滋味濃厚又不失清爽。

加上大量醬料與水果，吃起來就像蛋糕一樣。

4種莓果&草莓聖代 860日圓

在使用十勝產鮮乳的霜淇淋上，加上草莓、藍莓、黑醋栗等豪華配料。

來自函館的義式冰淇淋專賣店

在「MILKISSIMO札幌アピア店」可吃到使用北海道食材的義式冰淇淋390日圓～。多彩的櫥窗引人注目。

☎011-209-1319 MAP附錄P8D2

惠比壽南瓜 x 紅豆

北海道產惠比壽南瓜與卡士達鮮奶油聖代780日

使用北海道產惠比壽南瓜與紅豆的微甜聖代。

札幌paseo店限定

よつ葉的白色聖代760日圓

可盡情享受乳製品的美味，是よつ葉的自信之作。

みるくあんどぱふぇ よつばほわいとこーじ さっぽろぱせおてん

ミルク&パフェ よつ葉White Cosy 札幌paseo店

選擇多樣的聖代為魅力所在

可品嚐到北海道四葉乳品商品的直營甜點咖啡廳。大量使香濃冰淇淋的16種聖代以及牛奶類飲料都很受歡迎。義大利麵與燉飯等熟食餐點也有多樣選擇。

☎011-213-5261 住札幌市北区北6西4-3-1paseo West地下1樓 ⏰11時～21時30分LO 休準同paseo 交與JR札幌站相連 P有簽約停車場(消費顧客免費) MAP附錄P8D2

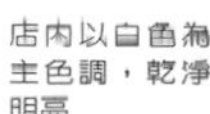

店內以白色為主色調，乾淨明亮

きのとや だいまるてん きのとや かふぇ

きのとや 大丸店 KINOTOYA CAFE

在札幌知名甜點店喝下午茶

來自札幌「洋菓子きのとや」的咖啡廳。附設商店內有約25種蛋糕，還可品嘗塔、舒芙蕾等4種甜點拼盤套餐1296日圓。週五還有1小時1728日圓的甜點吃到飽時段。

☎011-252-6161 住札幌市中央区北5西4大丸札幌店地下1階 ⏰10時～19時40分LO 休以大丸札幌店為準 交與JR札幌站相連 P400輛(消費顧客免費) MAP附錄P8D2

店深處還有藝術品展示空間

高級可可亞&巧克力與香濃冰淇淋的完美結合

在濃醇的牛奶霜淇淋上撒上可可粉。

捏碎的餅乾薄片搭配香蕉及巧克力冰淇淋一起享用。

巧克力聖代 864日圓

香濃的牛奶霜淇淋與巧克力聖代，是有時會售完的熱門甜點。

也嘗嘗看這些吧

和洋融合的好味道

紅豆湯圓霜淇淋756日圓

香濃的霜淇淋上點綴著紅豆以及芝麻口味的餅乾。

超划算的套餐組合

甜點套餐1296日圓

可從草莓塔或舒芙蕾等4種甜點中擇一，並附飲料的套餐。

在生乳產地北海道，有許多大大小小的起司工坊。可在札幌車站及市區伴手禮店購得，不妨當做伴手禮吧！

在自然景觀豐富的校園裡漫步 北海道大學是什麼樣的地方？

北海道大學約177萬m²的廣大腹地內依然可看見明治時期的建築。
在廣闊的校園內可感受大自然與了解北海道歷史。

Q 什麼時候創校的？介紹一下歷史吧！

A 為了培養成為北海道開拓使的官員，於明治9年（1876）開辦札幌農學校，為北海道大學前身。大學擁有140年以上的歷史，第一任校長為從美國聘請的威廉・史密斯・克拉克。這裡曾培育出基督教思想家内村鑑三與教育家新渡戶稻造等名留青史的優秀人才。於昭和22年（1947）改為北海道大學之後各學院與研究中心陸續成立，目前共有12個學院、18個研究所。

1 從北13条門至校內約長380m的道路兩旁共種有70株銀杏樹 2 紅屋瓦令人印象深刻的札幌農學校第二農場

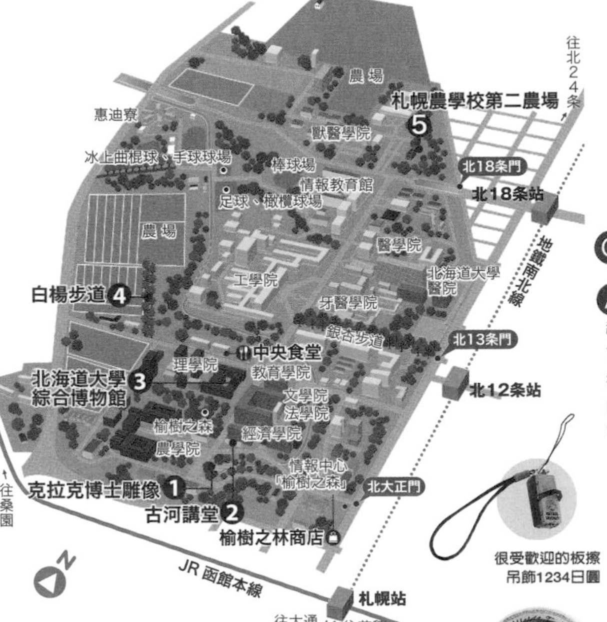

ほっかいどうだいがく
北海道大學

☎011-716-2111 住札幌市北區北8西5 ¥免費參觀 ⏰依設施而異 休無休 交JR札幌站步行7分 P無 MAP附錄P9B1

Q 校園內有開放參觀嗎？

A 雖說可自由參觀，但也記得遵守禮節。若想知道活動等學校資訊，可前往正門左手邊的情報中心「榆樹之森」。附設販售北大原創商品的商店及咖啡廳。此外也可在能品嘗多樣菜色的學生餐廳用餐。

在榆樹之森商店購買北大商品當伴手禮

販售文具、北大認證火腿、梅酒等種類豐富的大學原創商品。

很受歡迎的板擦吊飾1234日圓

☎011-708-7540 ⏰8時30分～17時 休無休 MAP P32右下

在中央食堂與學生們一起吃午餐

採自助式的學生餐廳。可以合理的價格輕鬆享用午餐。

激辣拉麵370日圓

☎011-726-4780 ⏰10～20時（依星期有所調整）休無休 MAP P32中央

Q 有推薦的散步路線嗎？

A 若要參觀學校景點，推薦從正門出發，往北逛過去的路線。先參觀校園南側的設施後，稍微走遠點，前往白楊道及札幌第二農學校農場。可欣賞北海道遼闊的景色。

在第二農場示範農舍發現牛頭雕像

在榆樹之森的樹蔭下休息

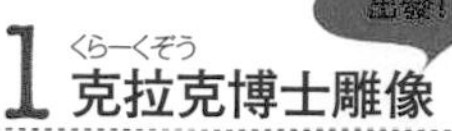

1 克拉克博士雕像（くらーくぞう）

以"Be ambitious！要胸懷大志！"來勉勵學子的著名首任校長，克拉克博士的半身像。

雕像基座上有克拉克博士的親筆署名

現在內部為研究室，不開放參觀

2 古河講堂（ふるかわこうどう）

為明治42年（1909）古河財團捐款給政府興建的美式維多利亞風之建築。

3 北海道大學綜合博物館（ほっかいどうだいがくそうごうはくぶつかん）

收藏多達400萬件研究用標本。為加強建築物耐震設計，因此曾於2015年4月～2016年7月休館，之後重新對外開放。

☎011-706-2658 ⏰10～16時(6～10月為9時30分～16時30分) 休週一(逢假日則翌日平日休)

▶復原完成的索齒獸標本

莊嚴的建築原為昭和4年（1929）興建的理學院本館

可在鋪上木屑長約80m的步道上散步

4 白楊步道（ぽぷらなみき）

約67株高約30m的白楊樹聳立於道路兩旁，是北大的代表性景點。

5 札幌農學校第二農場（さっぽろのうがっこうだいにのうじょう）

根據克拉克博士的構想於明治9年（1876）設立的實驗農場。有仿製酪農農家設計的畜舍及相關設施。

☎011-706-2658 ⏰10～16時 休每月第4週一、11月上旬～4月下旬

1原本為北海道最早的畜產經營實驗農場 2現仍保存倉庫與穀倉等明治時期的農場建築 3建築內部則展示著當時使用的農具等物品

重點看過來！

從電視塔將札幌街景盡收眼底

絕不能錯過離地90m處欣賞到的遼闊景色。也十分推薦夜晚時刻，可欣賞美麗的夜景（☞P37）

重點看過來！

品嘗札幌甜點小憩一番

享受札幌甜點大賞的得獎甜點（P38）。

重點看過來！

在大通公園散散步

東西向延伸的綠意盎然公園。也記得看看公園內的紀念碑（☞P36）。

大通公園就在這裡！

北海道廳舊本廳舍　札幌　函館本線　札幌市鐘塔　大通公園　大通　札幌電視塔　狸小路　薄野　南北線　東豐線

在札幌鬧區中的綠蔭漫步也是種樂趣

大通公園

おおどおりこうえん

在雜貨店發現北海道設計師的作品

以電視塔為意像的吉祥物

是這樣的地方

綠樹繁茂，可在草皮上悠閒放鬆的大通公園。公園東側有可將市區景色盡收眼底的電視塔，觀光客終年川流不息。公園周邊還有許多可享用甜點小憩的咖啡廳。還有眾多百貨商場與餐廳，是市區數一數二融合都市魅力與綠蔭之美的鬧區。

access

●從札幌車站

【地鐵】搭乘地下鐵南北線、地下鐵東豐線到大通站約2分

【步行】

到大通公園徒步10分

洽詢

☎011-211-3341

札幌觀光協會

廣域MAP

附錄P8E4～9A4

~大通公園　快速導覽MAP~

前往大通公園的旅遊服務中心

可索取札幌各種觀光情報小冊子。營業期間為4月下旬～10月底。

☎011-211-2376
(札幌市觀光企劃課)

往札幌站↑
往札幌站↑
時計台通
札幌格蘭大飯店別館
札幌市鐘塔
北1西3
北1西2
北1西1
大通東1
中央巴士札幌總站
札幌站前通
札幌市役所◎
札幌市民ホール
NHK
1 大通BISSE
大通4丁目ビル
〒札幌大通郵局
さっぽろ・スイーツカフェ(地下街)
觀光情報中心
大通站
札幌電視塔 ☞P37
大通公園 ☞P36
大通西4
大通西1
地下鐵東西線
往西11丁目站
往巴士中心站
大通バスセンター
HOTEL RESOL TRINITY SAPPORO
北海道銀行本店
丸井今井札幌本店 2
Le trois
創成川通
ホテルオークラ札幌
3 札幌三越
札幌シャンテ
創成川公園
札幌市營電車
南1西4
南1条通
南1西2
南1西1
南2東1
西4丁目
4丁目プラザ
PARCO
IKEUCHI ZONE
丸井今井南館
地下鐵南北線
地下鐵東豐線
札幌大通nest飯店
ピヴォ
札幌会館
RASSO ICEBERG HOTEL
南2西3
0　100m
狸小路
唐吉訶德
ラルズプラザ
狸小路3
狸小路2
南3西4
南3西2
往薄野站↓
往豐水薄野站↓

時尚的創成川一帶

沿著流速緩慢河川的公園東側，有許多獨特的咖啡廳與雜貨店。

觀光的提要

將大通公園1～4丁目逛上一圈約需1小時

大通公園的重點區域為與札幌前通交會的3～4丁目。在欣賞過電視塔的美景後，還可搭乘幌馬車（P37）。

尋找伴手禮的好去處

1 大通BISSE（びっせ）

藥草與皮革製品專賣店，樣式齊全的複合精品店，最適合選購伴手禮。還有可欣賞大通公園的咖啡廳。

☎因店家而異

▶一樓的BISSE SWEETS（☞p39）

▼與大通站相連，相當方便

2 丸井今井札幌本店

創業至今超過140年歷史的札幌老字號百貨商場。經典和菓子可在大通館地下2樓購買。

☎011-205-1151

3 札幌三越

地鐵南北線大通站剪票口即到。本館地下2樓有北菓楼等衆多伴手禮店。

☎011-271-3311(代)

大通公園&札幌電視塔 漫步在如畫般的美景中

背起相機，前往札幌的代表景點之一－東西向延伸的大通公園吧！
配色鮮明的花圃、美麗的噴水池，各種雕刻作品等，到處都值得一看。

DAY

模仿鯨魚尾巴的遊樂斜坡是孩子們最喜歡的遊樂設施

以電視塔為背景拍攝紀念照

NIGHT

從西4丁目噴水池附近
若想以東側的電視塔為背景拍照，就選不會背光的午後。 3

從西3丁目噴水池附近
晚間噴水池與電視塔都會點燈，氣氛夢幻。 2

おおどおりこうえん

大通公園

綠意盎然的札幌市中心綠洲

東西向橫貫札幌市中心，全長約1.5m的綠色區塊，為區分南北向街道的基準點。在種植92種樹木的公園內，有細心整理的花圃、上演多變化水舞的噴水池，以及豐富的藝術作品。

☎011-251-0438 住札幌市中央区大通西1～12 ¥休⏲自由散步 交地下鐵大通站，地鐵東西線西11丁目站即到 P無 MAP附錄P9C4

發現野口勇的雕刻作品

Black Slide Mantra
野口勇設計，可當作溜滑梯的紀念碑。材質為黑色花崗岩。

往西18丁目站
札幌市資料館
Sunken Garden
maibaum
4 從這裡拍照
大通公園
大通
遊水路
Play Slope
Black Slide Mantra
地下鐵東西線
西11丁目站
50m

さっぽろししりょうかん

札幌市資料館

了解札幌的歷史與文化

位於公園西側的石造建築，於大正15年（1926）興建，原為現高等法院．札幌控訴院。可參觀依當時狀況復原的刑事法庭與札幌出身的漫畫家「おおば比呂司」的紀念室。

☎011-251-0731 住札幌市中央区大通西13 ¥免費入館 ⏲9～19時 休週一（逢假日則翌日休） 交地下鐵東西線西11丁目站步行5分 P無 MAP附錄P6D2

將古典建築與花園一起拍進去

從Sunken Garden
隔著花園，可將被稱為運河的水道與玫瑰園拍進去。 4

在玉米攤買點小點心吧？

4月下旬～10月中旬於1～9丁目擺攤的大通公園名產。玉蜀黍一根300日圓。MAP P37中央左

腳底下是直直穿過辦公大樓間的大通公園。 1

大樓的燈光與街燈閃閃發亮，十分美麗的夜景。 1

可將札幌街道盡收眼底

瞭望樓層

從離地90m的瞭望樓層，可將東西南北360度的全景盡收眼底。

有伴手禮商店

3樓

除了不買票也能進場的商店與餐廳外，還有進場顧客專用的休憩空間。

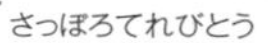

從瞭望樓層拍張特別的紀念照

さっぽろてれびとう

札幌電視塔

從瞭望樓層360度眺望札幌

札幌的代表性高塔，高147.2m，能360度欣賞以大通公園為首的札幌市中心美景。於離地90m的瞭望樓層，有非官方吉祥物－電視塔爸爸的神社與「恐怖窗」。地下1樓附設美食街。

☎011-241-1131 住札幌市中央区大通西1 ¥瞭望台入場費720日圓 ⏰9～22時(冬季為9時30分～21時30分) 休不定休 交地下鐵大通站即到 P無 MAP附錄P8E4

將俏皮可愛的電視塔爸爸帶回家

「電視塔爸爸」特大布偶2500日圓

高35cm，寬20cm的特大尺寸。

「電視塔爸爸」塑膠杯432日圓

鮮紅的杯子是雜貨類賣得最好的商品。

在瞭望台東南側，有三面玻璃窗為從天花板延伸到地板的「恐怖窗」

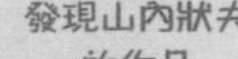

想搭乘札幌觀光馬車嗎?

可搭乘2層設計的馬車享受50分鐘的街道觀光。1樓座位2160日圓，2樓座位2500日圓。☎011-512-9377 MAP P37中央上

發現本鄉新的雕刻作品

湧泉雕像

以3名舞者表現從圓形底座上湧出的泉水，是札幌出身的雕刻家．本鄉新的作品。

發現山內壯夫的作品

花之母子雕像

活躍於昭和前期的山內壯夫的雕刻作品，是札幌丸井今井於創業100週年時捐贈的紀念品。

大通公園內有20件，包含周邊共有30件以上的雕刻作品及紀念碑。

在甜點天國·大通地區 CHECK 限定甜點

大通地區集結了著名點心製造商的直營咖啡廳，以及甜點的美食廣場。
不妨在札幌甜點一級戰區，享受吃一吃、比一比豪華甜點的樂趣吧！

CHECK 1

著名「白色戀人」的製造商 石屋製菓的限定甜點

いしやかふぇ

ISHIYA CAFÉ

品嚐人氣伴手禮的豐富好滋味

石屋製菓直營的咖啡廳。份量滿滿的鬆餅和聖代等原創甜點很受好評。可在店內享用白色年輪蛋糕和瑞士捲等人氣伴手禮，也是這裡的魅力所在。

☎011-231-1487 住札幌市中央区大通西4-6-1 札幌大通西4ビル地下2F ⏰8～22時 休無休 交與地鐵大通站相連 P無 MAP附錄P8D4

鬆餅一片居然厚達3.5cm！

莓果鬆餅1080日圓

11時～開始提供。味道高雅的微甜鮮奶油配上爽口的莓果醬。

也可外帶享用！

ISHIYA杯子蛋糕 432日圓～

有雙倍巧克力、水果聖代等共7種可外帶

白色戀人的白巧克力年輪蛋糕

年輪蛋糕盤 540日圓

可品嚐到人氣伴手禮白色年輪蛋糕TSUMUGI

CHECK 2

享用最新得獎甜點的組合套餐！

乳酪慕斯蛋糕還保留著北海道產「朧夜月米」的顆粒口感

得獎甜點套餐 950日圓

糕餅、蛋糕兩類的最新冠軍甜點，搭配咖啡或紅茶的組合

さっぽろすいーつかふぇ

さっぽろスイーツカフェ

每月更換不同的名店甜點

商店兼咖啡廳，每月輪流提供札幌及近郊5家以上西式甜點店的甜點。以最新的札幌甜點大賞得獎作品為首，販售每家店的招牌蛋糕共30～40種。

☎011-211-1541 住札幌市中央区大通西2札幌地下街Aurora Town內 ⏰10～20時 休不定休 交與地下鐵大通站相連 P收費371輛（消費顧客免費）MAP附錄P8D4

什麼是札幌甜點大賞？

由札幌及近郊甜點師傅所開發出的各種生菓子、西點中，選出最能夠代表北海道味道的甜點，並將得獎甜點引進札幌市內各間甜點店販賣。2015年度的得獎甜點是札幌米甜點以及札幌巧克力黃豆燒。

2015年度的得獎甜點，札幌巧克力黃豆燒

第10屆 甜點大賞

CHECK 3

特色是水果豐富的水果塔專賣店

ふるーつけーきふぁくとりー そうほんてん

FruitscakeFactory 総本店

想品嚐宛若寶石一般美麗的水果塔時

在北海道內有11間店鋪的水果塔專賣店。堅持只使用當季食材，備有許多季節限定的甜點。蛋糕套餐可自選一片塔類搭配飲品，720日圓。

☎011-251-0311 住札幌市中央区南1西4 ⏰10時30分～21時 休無休 交地下鐵大通站步行1分 P無 MAP附錄P10D1

草莓塔
1個（26cm）5700日圓、1片570日圓
主要使用國產草莓，依收穫時期不同選用不同草莓

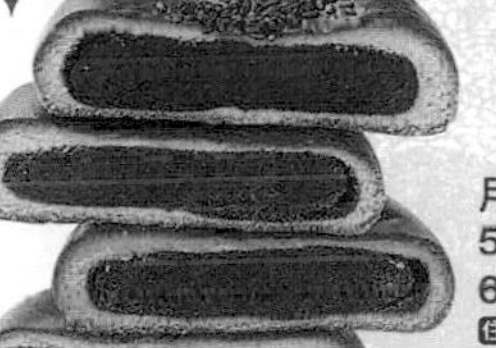

月寒紅豆麵包
5種口味一組
675日圓
住月寒あんぱん本舗ほんま大通店

CHECK 4

北海道人氣店家的甜點大集合

聖代蛋糕 1個518日圓
住洋菓子きのとや 大通公園店・きのとやカフェ

MARRON CORON
1個170日圓
住小樽 あまとう札幌大通店

牛奶剉冰搭配
香濃的霜淇淋！

牧家的鮮乳咖啡廳～黑糖黃豆粉～
500日圓 住Bocc

使用當地食材的
起司蛋糕，口感像
半熟的歐姆蛋

起司歐姆蛋糕
8入1296日圓
住ペイストリースナッフルスさっぽろ大通店

使用自家農場
的新鮮牛乳

町村牛奶冰淇淋 340日圓
住町村農場 大通公園

びっせすいーつ

BISSE SWEETS

嚐一嚐比一比人氣的甜點吧

複合式商店－大通BISSE的1樓甜點區「BISSE SWEETS」，內有6家北海道各地知名甜點品牌。一樓中央設有共通的內用座位，可當場享用各間店的人氣甜點。

☎因店家而異 住札幌市中央区大通西3北洋大通センター1樓 ⏰10時～20時(因店家而異) 休無休 交與地下鐵大通站相連 P收費28輛 MAP附錄P8D4

在札幌電視塔1樓有雪印パーラー（☞P30）的分店。可坐在大通公園的長椅上享用名店霜淇淋。

不妨到這裡走走

大通公園的推薦景點

かきと旬鮮料理とおそば「開」
かきとしゅんせんりょうりとおそば「ひらく」

盡情享受各式厚岸出產的牡蠣料理

使用厚岸及佐呂間湖等當季最新鮮的當地牡蠣。生牡蠣一個378日圓，牡蠣鍋2808日圓（照片），香煎牡蠣1728日圓等30種以上的牡蠣料理。DATA☎011-241-6166 住札幌市中央区南1西5-17-2プレジデント松井ビル2樓 ⏰17～23時 休週日、假日不定休（需洽詢）交地下鐵大通站即到 P無 MAP附錄P11C1

カフェ・ラ・バスティーユ
かふぇ・ら・ばすてぃーゆ

來杯咖啡＆蛋糕，度過午茶時光

在大通公園附近，已經營20年以上的南法風古董咖啡廳。最有名的就是蛋型的半熟起司蛋糕500日圓。可從5種蛋糕擇一，搭配咖啡或紅茶、橘子汁的套餐850日圓。バスティーユ特調咖啡為520日圓。DATA☎011-241-5553 住札幌市中央区大通西1大通KHビル1樓 ⏰12～20時 休無休 交地下鐵東豐線大通站步行即到 P無 MAP附錄P10E1

匠鮨
たくみずし

價格實惠的道產握壽司

握壽司午晚餐同價位，櫻1575日圓（照片）和藤3150日圓，價格合理。使用店主自行前往市場挑選的海鮮與低農藥米。14:00前提供花壽司便當840日圓等超值午間套餐。DATA☎011-272-3660 住札幌市中央区南2西7第3サントービル地下1樓 ⏰11時30分～22時LO 休週日（連休時需洽詢）交地下鐵大通站步行6分 P無 MAP附錄P11B2

ATELIER Morihiko
あとりえ もりひこ

香濃有深度的自家烘焙咖啡

現點現磨自家烘焙咖啡豆，並使用過濾布沖泡，廣受好評。有特調550日圓（杯）、單品等約10種。可搭配甜點師傅製作的手工甜點400日圓。DATA☎011-231-4883 住札幌市中央区南1西12-4-182札幌ASビル1樓 ⏰11時～21時30分LO 休不定休 交地下鐵東西線西11丁目步行3分 P4輛 MAP附錄P6D2

TOKUMITSU COFFEE大通店
とくみつ こーひー おおどおりてん

在美景咖啡廳渡過悠閒片刻

位於大通BISSE二樓。從大片玻璃窗可將大通公園盡收眼底。氣味香濃的咖啡使用各產地嚴選咖啡豆。大通限定特調咖啡・札幌BISSE特調550日圓，蛋糕330日圓。DATA☎011-281-1100 住札幌市中央区大通西3大通BISSE2樓 交與地下鐵大通站相連 ⏰10～20時 休無休 P收費28輛(30分250日圓) MAP附錄P8D4

M's二条横丁&M'sEAST
えむずにじょうよこちょうあんどえむずいーすと

秘密基地般的居酒屋林立

二条市場對面的2棟建築內，有許多大約10個座位的小巧店家林立。西班牙料理酒館、和風居酒屋、晚餐酒吧、小酒館等個性獨特的店家齊聚一堂，可每家都試試。DATA☎因店家而異 住札幌市中央区南2東1 ⏰休因店家而異 交地下鐵大通站步行7分 P無 MAP附錄P10E2

大通公園周邊的特別小店

逛逛馬具製造商商店或北海道手工藝品店，尋找喜歡的商品吧。

ソメスサドル 札幌店
そめすさどる さっぽろてん

簡單的設計魅力十足

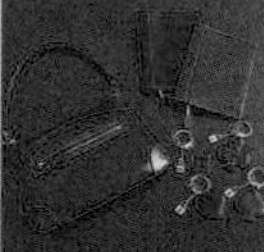

販售牛皮化妝包11880日圓，書衣7020日圓等手工北海道產皮革製品。

DATA☎011-261-3411 住札幌市中央区大通西3大通BISSE2樓 ⏰10～20時 休無休 交與地下鐵大通站相連 P無 MAP附錄P8D4

kanata art shop
かなた あーと しょっぷ

買些有溫度的手工藝品

網羅北海道和其他地方的設計師作品，販售minä perhonen、中村好文的傢俱和原創雜貨。

DATA☎011-219-3988 住札幌市中央区大通西5大五ビル6樓 ⏰10～19時 休週日、假日 交地下鐵大通站步行3分 P無 MAP附錄P9C4

YUIQ
ゆいく

食衣住相關的小物大集合

販售札幌當地設計師的飾品、小傢俱以及食品等多樣商品的精品店。花苞項鍊3780日圓等。DATA☎011-206-9378 住札幌市中央区大通西3大通BISSE2樓 ⏰10～20時 休無休 交與地下鐵大通站相連 P無 MAP附錄P8D4

北海道的代表性冬日祭典 札幌雪祭

舉行期間
2月上旬約1週

精緻的大型雪雕與夜間點燈令人印象深刻，每年吸引200萬以上遊客的冬季風情畫。現在無人不知無人不曉的大型活動，其實是源自於當地人的手工雪雕。

從電視塔展望台可將全景盡收眼底

也CHECK大通會場之外的地方！

薄野會場

在霓虹燈閃爍的薄野主街有60座冰雕。還可參觀製作過程。

☎011-518-2005(薄野觀光協會) 🕒24小時開放參觀(點燈為日落～23時，最後一日～22時) MAP附錄P10D3

TSUDOME會場

可體驗雪上溜滑梯與雪上泛舟等多種娛樂。

☎011-281-6400(施行委員會) 🕒9～17時
MAP附錄P4D1

©HBC

從6座雪雕發跡 現在已成為世界級的冬日祭典

第1回於戰後不久的昭和25年（1950）舉辦。最主要目的是為了去除戰後黯淡的氛圍，並增加冬季觀光資源。活動重點的雪雕一開始為札幌的國、高中生製作。包含「棕熊」在內共6座雕像，於除雪場7丁目內展出，當時約吸引了5萬人到場。經過60多年，雪雕的規模與觀光客人數成等比例成長，現在已經是每年吸引國內外200萬人次觀光客的大型祭典了。最值得一看的當然還是大通會場，特別是4～10丁目間連綿的巨型雪雕，更是壯觀，讓人不知不覺忘了寒冷陶醉其中。

☎011-281-6400(施行委員會) 🕒24小時開放參觀(點燈預定為日落～22時)
MAP附錄P9C4

▲集結當地美食的北海道 食之廣場也樂趣十足 ◀連細節也十分講究的震撼力十足巨大雪雕

關於雪祭各種常見問題

Q 雪雕是誰做的？

A 大型雪雕為陸上自衛隊與札幌市大雪雕製作團隊、大雪雕委員會等，中、小型雪雕為市民團體等製作。

Q 雪雕的雪是從哪運來的？

A 用卡車運來市區及近郊的雪。不會使用摻有雜質的剷雪等。

Q 目前為止最大的雪雕是？

A 論高度為第61回的「聖母主教座堂」26m奪冠。論規模則屬第23回的「歡迎來到札幌獵場」，共用了卡車1300輛份的雪。

還有更多

精彩的大通公園當季活動

5月下旬
札幌紫丁香花祭

在約400株紫丁香盛開的園內，有植株販售處及孩童取向的體驗教室等。

☎011-281-6400(施行委員會) MAP附錄P9C4

6月上旬
YOSAKOI索朗祭

來自全國各地約300個隊伍，在大通公園及市區各地進行各種豪華表演。

☎011-231-4351(動員委員會) MAP附錄P9C4

7月下旬～8月中旬
札幌夏日祭

連續一個月在大通公園舉辦啤酒節或盂蘭盆舞大會等多樣活動。

☎011-281-6400(施行委員會) MAP附錄P9C4

9月中旬～10月上旬
札幌秋日盛宴

在收穫的秋天舉行的美食活動。道內各地當地美食及拉麵攤位並排林立。

☎011-281-6400(施行委員會) MAP附錄P9C4

重點看過來！

在夜間咖啡廳小歇

在舒適寧靜的咖啡廳待晚一些。可品嘗適合搭配甜點的酒（☞P48）。

重點看過來！

在安靜的酒吧度過大人時間

可一面享用資深酒保調出的美味雞尾酒，渡過舒適的一刻。（☞P46）。

重點看過來！

在北海道規模最大鬧區盡情享受美食

以霓虹燈閃爍的薄野十字路口為中心，有許多餐飲店及酒吧集結（☞P50）。

薄野
就在這裡！

誘人美食雲集，道內首屈一指的鬧區

薄野

すすきの

偏辣的當地酒與肥嫩的海鮮是絕配

在風情獨具的爐邊享用多肉的魹魚

是這樣的地方

薄野與東京歌舞伎町和福岡中洲並列日本三大鬧區。有超過4000家類型豐富的店家在此雲集，到了夜晚便籠罩在五光十色的霓虹燈裡。在這裡最大的樂趣當然是美食。在氣氛十足的爐邊燒餐廳及海鮮居酒屋，享受北海道才有的頂級海鮮。

access

●從札幌車站
【地下鐵】地下鐵南北線到薄野站3分，地下鐵東豐線豐水薄野站4分
●從大通公園
【步行】到薄野十字路口步行5分

洽詢
☎011-211-3341
札幌觀光協會

廣域MAP
附錄P10E2～11B4

~薄野 快速導覽MAP~

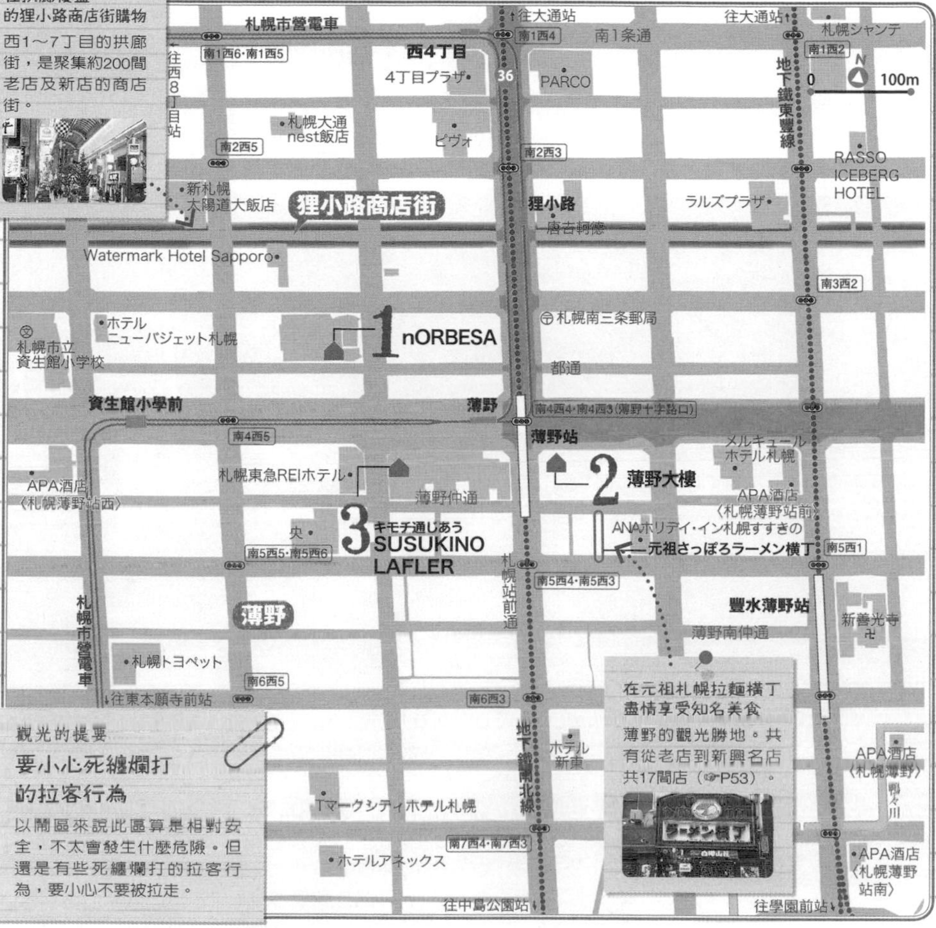

札幌市營電車
往西8丁目站
南1西6·南1西5
西4丁目
4丁目プラザ
往大通站
南1西4
南1条通
36
PARCO
往大通站
札幌シャンテ
南1西2
地下鐵東豐線
0
100m
N
札幌大通nest飯店
ピヴォ
南2西5
南2西3
RASSO ICEBERG HOTEL
新札幌太陽道大飯店
狸小路商店街
狸小路
唐吉軻德
ラルズプラザ
Watermark Hotel Sapporo
南3西2
ホテルニューバジェット札幌
札幌市立資生館小学校
1 nORBESA
札幌南三条郵局
都通
資生館小學前
薄野
南4西4·南4西3（薄野十字路口）
南4西5
薄野站
メルキュールホテル札幌
APA酒店〈札幌薄野站西〉
札幌東急REIホテル
2 薄野大樓
APA酒店〈札幌薄野站前〉
薄野仲通
央
3 キモチ通じあう SUSUKINO LAFLER
ANAホリデイ・イン札幌すすきの
元祖さっぽろラーメン横丁
南5西1
南5西5·南5西6
札幌站前通
南5西4·南5西3
薄野
豐水薄野站
新善光寺
薄野南仲通
札幌市營電車
札幌トヨペット
南6西5
往東本願寺前站
南6西3
地下鐵南北線
ホテル新東
APA酒店〈札幌薄野〉
Tマークシティホテル札幌
鴨々川
南7西4·南7西3
ホテルアネックス
APA酒店〈札幌薄野站南〉
往中島公園站
往學園前站

在拱廊覆蓋的狸小路商店街購物

西1～7丁目的拱廊街，是聚集約200間老店及新店的商店街。

在元祖札幌拉麵橫丁盡情享受知名美食

薄野的觀光勝地。共有從老店到新興名店共17間店（☞P53）。

觀光的提要

要小心死纏爛打的拉客行為

以鬧區來說此區算是相對安全，不太會發生什麼危險。但還是有些死纏爛打的拉客行為，要小心不要被拉走。

霓虹燈閃閃發光的地標大樓

1 のるべさ nORBESA

除了壽司店、義式餐廳等餐飲店，還有娛樂設施在內共40間店。從高78m的屋頂摩天輪，可好好欣賞被票選為「日本新三大夜景都市」的札幌。

☎011-271-3630

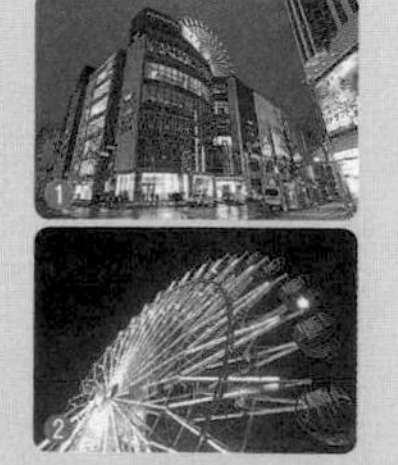

❶閃閃發亮的摩天輪十分顯眼
❷摩天輪1圈600日圓

2 薄野大樓

餐廳大樓上NIKKA WHISKY的招牌十分醒目。共有十幾間酒吧等餐廳在此。 ☎因店家而異

KIRIN

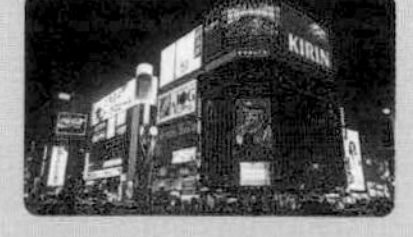

3 キモチ通じあう SUSUKINO LAFILER

約在薄野的札幌人，通常都會約在這棟大樓前或地下入口碰面。

☎011-531-1111

薄野

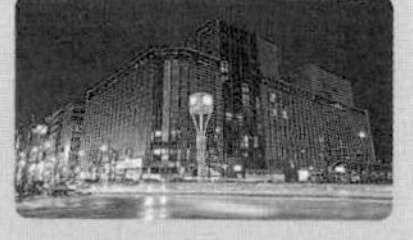

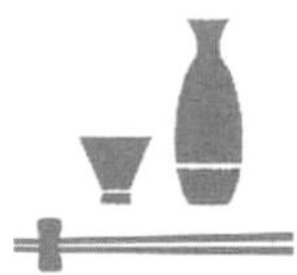

在香氣的引誘下 進到令人好奇的爐邊燒餐廳

來自北國豐饒之海的海鮮，十分推薦以能襯托食材美味的爐邊燒方式享用。在北國酒家的獨特氣氛中，享用剛烤好的鮮嫩海鮮與北國當地的酒吧。

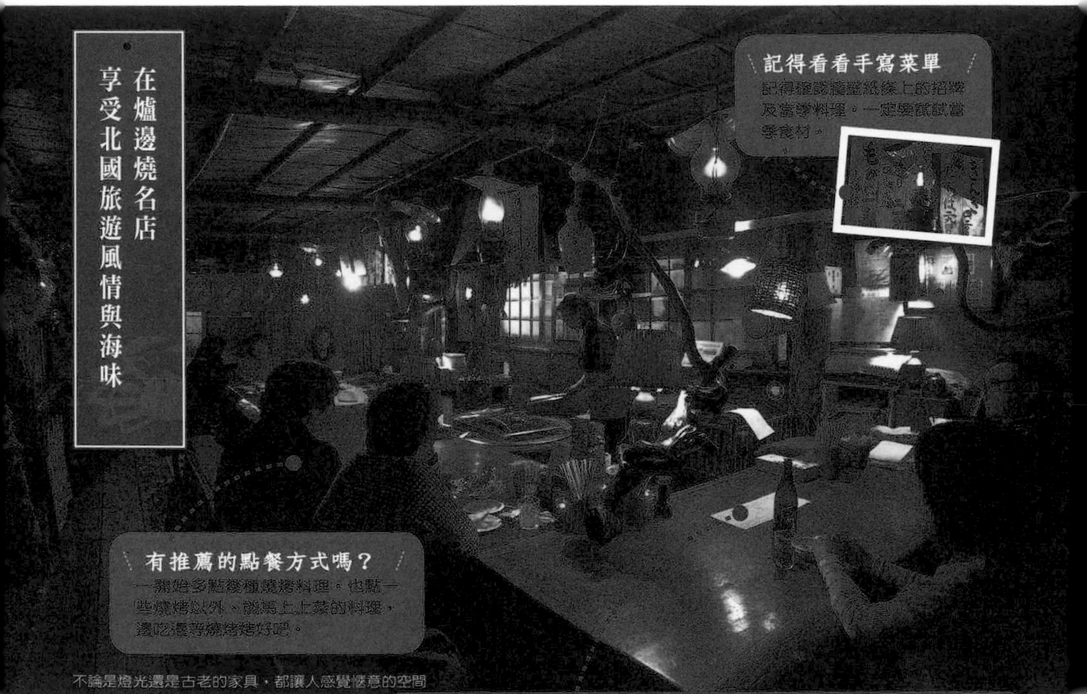

在爐邊燒名店
享受北國旅遊風情與海味

記得看看手寫菜單

記得確認牆壁紙條上的招牌及當季料理，一定要試試當季食材。

有推薦的點餐方式嗎？

一開始多點幾種燒烤料理，也點一些燒烤以外、能馬上上桌的料理，邊吃邊等燒烤烤好吧。

不論是燈光還是古老的家具，都讓人感覺愜意的空間

ろばたやき うたり

炉ばた焼 ウタリ

昭和29年（1954）開業，是札幌歷史最悠久的爐邊燒店。將鮮魚吊在地爐上去除多餘水分與脂肪，濃縮所有美味後，再放到樹齡約1000年的蝦夷松爐上燒烤。除了海鮮外，各種北海道產蔬菜也十分美味。

☎011-512-3570 住札幌市中央区南5西5 🕒17時～22時30分LO 休週日（連休時需洽詢）交地下鐵南北線薄野站步行3分 P無 MAP附錄P10D3

◆大概預算 2人6000日圓～

建築幾乎保留開店當時的原貌

搭配道款當地酒

かむいみさき
神威岬 1杯540日圓

僅能在本店與分店家喝到的原創酒。由札幌釀造商．千歲鶴釀製。

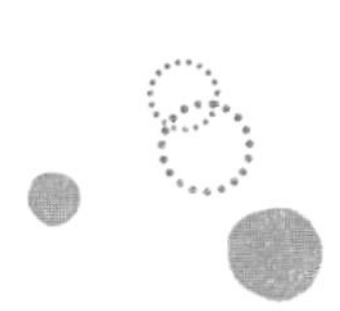

以涮涮鍋方式
品嘗夢幻螃蟹

薄野的「かにふく むらかみ」的招牌菜為用高湯燙的鱈場蟹腳涮涮鍋。全餐附每日料理及鹹粥，1人6134日圓（需預約）。
☎011-513-6778 MAP附錄P10D3

▼ 搭配這款當地酒

國稀（くにまれ） 1杯324日圓
日本最北的釀酒廠國稀酒廠的特選。使用爐上的土瓶加熱。

使用熟練技術烤出的美味真魹

真魹1950日圓
鵡川產柳葉魚 1620日圓
[illegible]

酒庵 五醍
しゅあん ごだい

店裡維持昭和38年（1963）創業時的獨特風情。在以挖空的榆樹樹幹製成的爐上烤道產海鮮與蔬菜。其中招牌真魹是必點品項。

☎011-531-8080 住札幌市中央区南7西4-2-18 ⏰17時～22時30分LO 休週日 交地下鐵南北線薄野站步行5分 P無 MAP附錄P10D3

◆大概預算 2人10000日圓～

除了吧檯座位外，還有塌塌米座位

▼ 搭配這款當地酒

熊ころり1合710日圓
小樽的老酒廠生產。稍稍辛辣的口味與肥嫩的海鮮很搭。

盡情享受高級魚石狗公

石狗公一夜乾 約6000日圓
石狗公生魚片 約2000日圓
[illegible]

炉端 めんめ
ろばた めんめ

在店家提供的北海道內各地直送嚴選海鮮中，最推薦來自根室的高級魚石狗公。肉質肥厚柔軟，多層次的滋味，可用碳烤一夜乾與生魚片方式品嘗。

☎011-241-6810 住札幌市中央区南3西6狸小路市場內 ⏰17～23時LO 休週日 交地下鐵大通站步行5分 P無 MAP附錄P11C2

◆大概預算 2人15000日圓～（點石狗公時）

位於狸小路市場小巷內的隱密小店

▼ 搭配這款當地酒

華味之至（しかみ） 1杯750日
只出貨給特定店家的千歲鶴限定吟釀。多層次的吟釀香氣令人印象深刻。

輕鬆享用漁夫直送的海鮮

羅臼產烤魹魚1280日圓
[illegible]

ろばた 大助 本店
ろばた おおすけ ほんてん

利用漁夫特有管道進貨的鮮度超群的海鮮，再使用日高產木炭燒烤。除了最受歡迎品項 堅持用知床產的 魚外，還有各種串烤及生魚片。

☎011-533-6046 住札幌市中央区南6西4ライトビル2樓 ⏰17時30分～翌2時（週日、假日為～24時） 休無休 交地下鐵南北線薄野站步行5分 P無 MAP附錄P10D3

◆大概預算 2人7000日圓～

有吧檯與附地面暖爐的和式座位

爐邊燒據說是仙台發源。但像現在常見的海鮮為主之型式，則是位於釧路的「炉ばた」創始的。

今夜想好好地沉浸在放鬆的氣氛裡 在沉靜的BAR度過屬於大人的時間

在擦得光亮的吧檯，由資深酒保安靜地為您斟一杯招牌調酒。
在鬧區薄野有許多可度過美好時光的"大人的BAR"。

どぅ えるみたあぢゅ

DEUX Ermitage

散發感性光芒的原創雞尾酒

站在吧檯後的是札幌第一位女性調酒師，中田耀子女士。在札幌軟石裝飾的牆壁搭配木頭的時尚空間內，可享用約50種原創雞尾酒。還提供陳年蘇格蘭威士忌與白蘭地等高級酒。

☎011-232-5465 住札幌市中央区南3西4 南3西4ビル10樓 ⏰18時～翌日1時(假日為～23時) 休週日 交地下鐵南北線薄野站步行5分 P無 MAP附錄P10D2

特別推薦!

起司沙丁魚片三明治972日圓
起司中放入沙丁魚乾後烤得香酥，是開幕以來最受歡迎的人氣下酒菜。

蝦夷山櫻 1260日圓
白酒基底的調酒中有櫻花漂浮，非常適合女性。清爽鮮明的滋味十分好入口。

以間接照明靜靜照亮光可鑒人的整塊木頭吧檯

中田耀子小姐
擁有40年吧檯調酒資歷。調酒的滋味自不待言，體貼的服務也是魅力之一。

服務費
1人1800日圓

呈現微微圓弧的特殊吧檯座。另也有2桌桌席。

本間一慶先生
在市內著名的酒吧學藝後獨立開店。也執行許多薄野町活動企劃。

服務費
無

特別推薦!

琴通寧900日圓
萊姆的香氣以及微甜的通寧水的搭配絕妙，口味清爽。

ばーいっけい

BAR一慶

宛如置身於人氣電影場景內

以薄野為故事舞台的電影『魔術師之死』中，指導電影中酒保演技的，就是店主、本間先生。店內除了有許多名貴的威士忌外，也提供使用當季水果調製的雞尾酒（時價）。也備有雪茄。

☎011-563-0017 住札幌市中央区南6西4-5-11 JASMAC6號館2樓 ⏰18時～翌日5時(週日、假日為～翌日2時) 休無休 交地鐵南北線薄野站步行5分 P無 MAP附錄P10D3

偵探的巧克力（3種）600日圓
自製的巧克力，味道相當適合下酒。有紅酒、威士忌、北海道紅豆共3種口味

購買來自北海道
大自然的道產葡萄酒
當伴手禮

若想找特別的葡萄酒，可到薄野的「WINESHOP FUJII」。販售三笠的山崎葡萄酒750ml 2550日圓～及余市的Domaine Takahiko等約10家酒莊的商品。☎011-231-1684 MAP附錄P10D2

ざばーなの

the bar nano.

將北海道食材調製成雞尾酒

微甜的焙茶雞尾酒和山葵雞尾酒等，店內提供許多特別組合口味的酒類。使用當季水果的雞尾酒也相當受好評。來自北海道各地，可作為下酒菜的起司種類也相當豐富。

☎011-231-2688 住札幌市中央区南3西3都ビル7樓 🕒17時～翌日2時（週五、六為～翌日3時）休週日（翌日逢假日則營業）交地下鐵南北線薄野站步行3分 P無 MAP附錄P10D2

吧台座位和桌席共有16個座位。位於大樓最高層，十分隱密

無花果佐發酵奶油、大通產蜂蜜750日圓

在乾燥過的無花果中間，擠上興部町 North Plain Farm產的發酵奶油。

濱本農場的滿滿莓果雞尾酒1200日圓

大量使用以無農藥栽培的岩見澤．濱本農場產莓果調製。甜味高雅。

宮本亮太先生

以豐富的想像力，造就了一杯又一杯嶄新雞尾酒的年輕酒保。

ばー ねもと

Bar ねもと

來一杯清爽的鮮果調酒

提供使用當季水果調成的果香調酒，及清爽無負擔的香檳基底調酒等，受女性歡迎的各種原創酒單。酒保根本小姐直率的個性十分有魅力，即使第一次造訪坐吧檯也不會感到拘束。

☎011-221-9333 住札幌市中央区南4西5つむぎビル地下1樓 🕒18時～24時30分 休週日、假日 交地下鐵南北線薄野站步行5分 P無 MAP附錄P11C2

2001年開業。僅10個座位的吧檯由根本女士一人招呼

根本亞衣 女士

札幌知名酒吧「やまざき」第一位女性領班獨立後開的店。

鳳梨新鮮水果雞尾酒 900日圓

在百香果酒中加入鳳梨汁，調成順口的滋味。

點心1000日圓
（含在服務費中）

每日不同的小點。為核果、果乾、起司拼盤。

薄野不愧是日本三大鬧區之一，有許多高水準的酒保。可在此享用酒保們精心調製的調酒。

在時尚咖啡廳待晚一些 讓人完全放鬆的氣氛

在霓虹燈閃爍的薄野，有許多營業至深夜並提供酒精飲料的咖啡廳。享用蛋糕及聖代等甜點，稍微待晚一點吧。

時尚重點
氣氛十足的照明營造出令人放鬆的空間。

▲2樓的座席。此外還有1樓的吧檯座位及夏季戶外座位

時尚重點
紅色牆壁令人印象深刻。找張喜歡的椅子放鬆一下吧。

▲必須脫鞋才能進入的店。會讓人忘記時間流逝。

推薦品項

巧克力sinner bar 650日圓
在巧克力口味起司蛋糕上，放上香草冰淇淋。

藍莓優格奶昔 700日圓
藍莓與優格冰淇淋、優格是絕配。

推薦品項

聖代套餐 1230日
可選擇喜歡的聖代搭配飲料的套餐。圖片為heart drops聖代。

櫻桃汽水 620日圓
以櫻桃酒為基底的粉紅色調酒。

だいにんぐあんどすいーつ しなー

Dining & Sweets sinner

拜訪美式休閒咖啡廳

以紅色和白色為底色的親民餐廳兼咖啡廳。可享用起司蛋糕佐冰淇淋的sinner bar650日圓～及焦糖布丁聖代750日圓等店家自製甜點。也可＋200日圓升級飲料套餐。

☎011-241-3947 住札幌市中央区南4西1 ⌚15～24時(週六為12時～、週日、假日為12～22時) 休無休 交地下鐵東豐線豐水薄野站步行即到 P無 MAP附錄P10E2

店內透出溫暖燈光，店前紅色招牌十分醒目

かふぇ はーと どろっぷす

cafe heart drops

脫下鞋子在店裡好好放鬆

最受歡迎的是可自選一種義式冰淇淋與3種配料的heart drops聖代850日圓。此外，如鹹派600日圓等鹹食餐點也有多種選擇。可在彷彿家一般的氣氛中渡過悠閒時光。

☎011-232-0878 住札幌市中央区南4西5つむぎビル3樓 ⌚17～24時LO，僅夏季期間供應午餐(11時30分～15時) 休週六、假日(逢週五、六則營業) 交地下鐵南北線薄野站步行3分 P無 MAP附錄P11C2

以多彩蝴蝶裝飾的古典門板

在自行烘焙咖啡豆的老店，來一杯講究的咖啡

昭和52年（1977）創業的咖啡廳「CAFE RANBAN」。先以碳酸水去除口中殘留的味道後，再細細品嘗單品650日圓～（照片）或特調620日圓等自家烘焙咖啡。

☎011-221-5028 MAP附錄P11C2

時尚重點
店內各處皆可看到企鵝擺飾。

▲可感受木頭溫度的店內，改裝自屋齡50年以上的古老民家。

時尚重點
店内深處牆上裝飾的3張唱片封面十分有味道。

▲時尚的色調。聽著爵士等背景音樂渡過悠閒時光

推薦品項

巧克力焦糖聖代 990日圓
微苦的義式巧克力冰淇淋與焦糖醬形成完美組合。

香檳 940日圓
氣泡綿密，刺激性稍強的口感。與甜甜的聖代是絕配。

ばーらー ぺんぎんどう

バーラー ペンギン堂

酒&聖代的絕妙搭配

使用北海道產牛奶冰淇淋與雪寶的聖代990日圓～很受歡迎。可搭配70種以上紅酒及威士忌等酒類一起享用。冰淇淋外帶也OK。

☎011-261-2320 住札幌市中央区南4西1-6-1 ⌚19時～翌日1時（除了週日、週三的12時30分～17時期間，僅冰淇淋能內用）休週日 交地下鐵東豐線豐水薄野站步行即到 P無 MAP附錄P10E2

復古的大門前佇立著霜淇淋造型燈飾

戚風蛋糕400日圓
奶茶戚風蛋糕加上鮮奶油。每個時期推出的口味都不同。

推薦品項

特調咖啡（法式）480日圓
使用重烘焙咖啡豆，味道香濃的法式特調咖啡。店裡也販售咖啡豆。

かふぇ ぺりこ

cafe perico

在隱密的咖啡廳度過舒緩身心的時光

洋溢著時尚氛圍，女生一人前往也不會感到拘束。招牌的特調咖啡分為偏酸的淡咖啡與較濃的法式特調2種。也提供與咖啡很搭的三明治650日圓～等輕食及各種蛋糕400日圓～。

☎011-211-1736 住札幌市中央区南3西3新山ビル2樓 ⌚15～24時（週日、假日為～22時）休不定休 交地下鐵南北線薄野站步行5分 P無 MAP附錄P10D2

要往2樓的店鋪沒有樓梯，請使用電梯

走在薄野街上或市中心內，可看見不少洋溢昭和復古風情的咖啡廳。在充滿鄉愁的店內，來杯微苦的咖啡吧。

不妨到這裡走走

薄野的推薦景點

さっぽろかにや ほんてん

札幌かに家 本店

以各種吃法盡情享用螃蟹

可享用50種以上單點菜餚與各式豐富全餐的螃蟹料理專賣店。來點松葉蟹生魚片1404日圓（照片右）等新鮮的海鮮吧。費用方面週六、日、假日、平日夜晚需加10%服務費。DATA ☎011-222-1117 住札幌市中央区南4西2-11 ⏰11～14時LO、17～22時LO（週六、日，假日為11時～22時LO）休無休 交地下鐵南北線薄野站步行2分 P無 MAP附錄P10E2

かいせんまるだいてい

海鮮まるだい亭

講求天然的水產公司直營餐廳

可品味新鮮和產地直送的海鮮料理。生魚片除了有組合約5種當季鮮魚的花拼盤（照片）6550日圓、自選3種鮮魚拼盤1750日圓等之外，也可配合當日預算組合，十分貼心。可品嚐大量海味的料理全餐為5500日圓～。DATA ☎011-210-7321 住札幌市中央区南4西5F45ビル1·2樓 ⏰17～21時LO 休無休 交地下鐵南北線薄野站步行2分 P契約停車場（折扣300日圓）MAP附錄P11C2

あいすくりーむばー ほっかいどう みるくむら

アイスクリームBar HOKKAIDO ミルク村

與利口酒一起享用的大人口味冰淇淋

餐點全為冰淇淋搭配利口酒的套餐。在牛奶冰淇淋上，淋上琴酒或利口酒享用。招牌為2種酒搭配迷你可麗餅或派的A套餐ダルジャン1390日圓。DATA ☎011-219-6455 住札幌市中央区南4西3-7-1ニュー北星ビル6樓 ⏰13～23時LO（週三為17時～）休週一 交地下鐵南北線薄野站步行即到 P無 MAP附錄P10D2

ぷりんほんぽ すすきのてん

プリン本舗 薄野店

私房焦糖醬滋味絕佳

使用牧場直送的新鮮的牛乳與簽約農場生產的雞蛋製作的武士布丁。微苦的焦糖醬融化在香濃的布丁中。1個160g的特大號520日圓（照片）。DATA ☎011-520-2082 住札幌市中央区南4西3第3グリーンビル1樓 ⏰17時～翌2時（週日～24時）休不定休 交地下鐵南北線薄野站即到 P無 MAP附錄P10D2

えれくとりっく しーぷ ばー すすきのてん

Electric Sheep BAR 薄野店

眺望薄野的夜景

位於大樓9樓，可一面欣賞薄野的夜色一面品嘗正統的雞尾酒。吧檯座位相當受情侶歡迎。原創雞尾酒為700日圓～。DATA ☎011-520-2233 住札幌市中央区南4西2 渡辺ビル9樓 ⏰18時～翌4時 休無休 交地下鐵南北線薄野站步行2分 P無 MAP附錄P10D2

ほっかいどうはまりょうり いそきん ぎょぎょうぶ

北海道浜料理 磯金 漁業部

滿載當季海鮮的豪華生魚片船

可享用使用漁港直送新鮮海鮮的生魚片拼盤1～2人份1380日圓～，以及火鍋、炸物等。除了吧檯外都是包廂座位。DATA ☎011-252-1733 住札幌市中央区南4西2南4西2ビル10樓 ⏰17時～22時30分LO（週五、六，假日前日為～23時20分LO）休不定休 交地下鐵東豐線豐水薄野站步行即到 P無 MAP附錄P10E2

在城市中感受大自然 前往綠意盎然的都市公園

緊鄰薄野的中島公園。周邊景點有文學館與道地咖啡廳。

なかじまこうえん

中島公園

在綠樹包圍下輕鬆漫步園內

綠意盎然的都市綠洲。公園內有日式庭園及可划船40分600日圓的水池等。DATA ☎011-511-3924 住札幌市中央区中島公園1 ¥⏰休自由散步 交地下鐵南北線中島公園站或幌平橋站步行即到 P無 MAP附錄P6E3

ほっかいどうりつぶんがくかん

北海道立文學館

展出北海道文學珍貴資料

展示北海道文學相關的珍貴資料。DATA ☎011-511-7655 住札幌市中央区中島公園1-4 ¥入館500日圓 ⏰9時30分～17時（入館為～16時30分）休週一（逢假日則為翌日休），有臨時休館 交地下鐵南北線中島公園站步行6分 P6輛 MAP附錄P6E3

まるみ こーひー すたんど なかじま ぱーく

MARUMI COFFEE STAND NAKAJIMA PARK

輕鬆享用道地咖啡

現點現泡的本日咖啡，378日圓。也可外帶。DATA ☎011-513-8338 住札幌市中央区南14西6 KCメープルコート1樓 ⏰9～19時（週六、日、假日為8時～）休無休 P地下鐵南北線幌平橋站步行7分 P3輛 MAP附錄P6E4

沒吃到就不想回家
札幌必吃5種美食

在北海道數一數二的美食區，札幌邊逛邊吃，樂趣無窮。
可盡情享受味噌拉麵、湯咖哩等來自札幌的好味道，
以及蒙古烤肉等北海道各地知名美食。
也不要錯過能吃到大量新鮮海鮮的壽司及海鮮丼。

品嘗著名的札幌拉麵
第一碗就選經典的味噌風味

說到札幌美食的代表，就屬誕生於嚴寒氣候下、熱騰騰的札幌拉麵了。
在眾多選擇中，首先要嘗嘗的是昭和30年前後誕生於此的“味噌”口味。

徹底解析老字號拉麵店 札幌味噌拉麵的美味

美味的秘訣 ①

有彈性的稍粗捲麵

容易吸取湯汁的捲麵是與札幌的老字號製麵公司·西山製麵共同開發的產品。完成後需熟成1週再下鍋煮。

美味的秘訣 ②

加入大量炒豆芽菜與洋蔥

配料為大量洋蔥、豆芽菜、絞肉、筍乾等。蔬菜清脆的口感及甘甜，與麵、湯頭都很搭。

美味的秘訣 ③

滋味醇厚的味噌醬

香濃湯頭的美味秘訣，來自調和不同熟成度的白味噌。滋味順口不刺激。

面向廚房的吧檯座位一字排開。共13席

味噌拉麵 850日圓

加入大量大火快炒的清脆豆芽菜與洋蔥，是本店招牌。

大通公園

あじのさんぺい

味の三平

享用元祖「札幌味噌拉麵」

創業於昭和25年（1950）的老字號。如今遍佈全國的「札幌味噌拉麵」就是來自本店第一代店主於昭和30年（1955）時以味噌湯為靈感的研發成果。有嚼勁的特製捲麵、白味噌湯底的順口湯頭，融合炒蔬菜及絞肉的甘甜，是一定要試試的元祖好滋味。

☎011-231-0377 住札幌市中央区南1西3大丸藤井中央大樓4樓 ⏰11時～18時30分 休一，每月第二週二 交地下鐵大通站步行3分 P無 MAP附錄P10D1

札幌拉麵的歷史

札幌拉麵據說是於大正11年（1922）誕生於北大前的中華料理店「竹家食堂」（昭和18年歇業）。戰後則是「だるま軒（☞P54）」等拉麵攤興起。在「味の三平」第一代店主研發出如今主流的味噌拉麵前，招牌為醬油口味。

味の三平往昔的店面。來吃味噌拉麵的顧客大排長龍

前往集合17家特色各異的拉麵店，拉麵横丁

在大樓間的小巷内，有一條聚集17間拉麵店的「元祖札幌拉麵横丁」。從老店到人氣新店，可嘗到多種個性獨特的拉麵。

☎011-663-7575(事務局) MAP附錄P10D3

薄野

みそらーめんせんもんてん にとりのけやき

味噌ラーメン専門店 にとりのけやき

滋味細緻鮮明的極美味拉麵

店面位於薄野，1999年創業的味噌拉麵專賣店。湯頭使用雞骨及甘甜蔬菜熬成，並加入講究的味噌醬。滋味濃醇餘韻清爽，是十分洗練的好味道。店家營業到深夜，可在夜歸時順道造訪。

☎011-552-4601 住札幌市中央区南6西3睦ビル1樓 ⏰10時30分～翌日4時（週日，假日為～翌日3時）休無休 交地下鐵南北線薄野站步行3分 P無 MAP附錄P10D3

僅10個櫃檯座位。即使深夜也大排長龍

味噌拉麵 870日圓

加上高麗菜與紅蘿蔔，配色十分多彩。充分熟成的有嚼勁麵條與湯頭是絕配。

薄野

すみれ さっぽろすすきのてん

すみれ 札幌薄野店

「醇厚味增」的代表店家

於昭和39年（1964）創業的老店，是醇厚味增拉麵的創始店。許多札幌市内的人氣拉麵店老闆也曾在這間店學藝後獨立開業。以大骨和海鮮為底熬成的湯頭配上捲麵，與味增醬非常搭。生薑泥也為拉麵增添嗆辣滋味。

☎011-200-4567 住札幌市中央区南3西3-9-2 ピクシスビル2樓 ⏰17時～翌3時(週六為11時～翌日3時，週日、假日為11～24時) 休不定休 交地下鐵南北線薄野站步行1分 P無 MAP附錄P10D2

除了吧檯座位之外，店内深處還有桌位。

味噌拉麵 900日圓

表面浮著一層豬油因此湯不容易變冷，就算慢慢吃也能享用到熱騰騰的湯頭。

北海道各地皆有知名拉麵。其中札幌「味噌」、函館「鹽味」、旭川「醬油」被稱為北海道3大拉麵。

不是只有味噌拉麵 深受當地人喜愛的札幌拉麵

在拉麵一級戰區札幌，除了味噌拉麵外還有許多高品質拉麵店。在吃過味噌拉麵後，也去試試深受當地人喜愛的各式拉麵店吧。

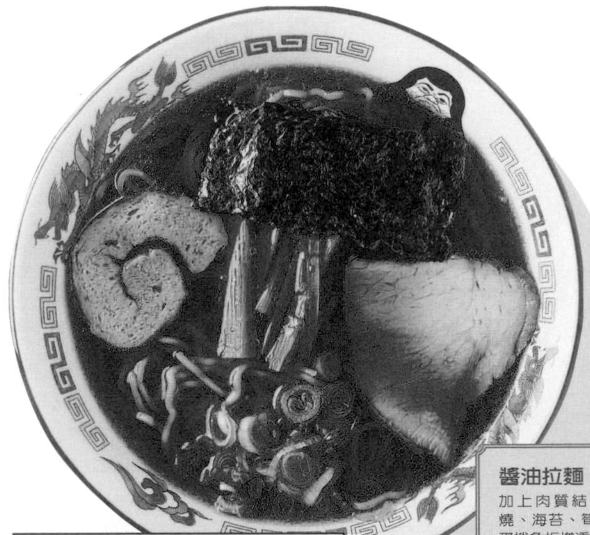

札幌拉麵實質上的元祖

醬油風味

大通公園

だるまけん

だるま軒

資深拉麵迷也讚賞的正統拉麵

昭和22年（1947）以拉麵攤形式創業，如今店面位於新二条市場的老字號。純天然雞骨湯底有著清爽懷舊的好味道。麵條使用有彈性的店家自製麵。可從傳承古早風味的醬油拉麵嘗起。

☎011-251-8224 住札幌市中央区南3東1新二条市場内 ⏰11～16時(麵售完即打烊) 休週四 交地下鐵大通站步行7分 P無 MAP附錄P10E2

醬油拉麵 630日圓
加上肉質結實的腿肉叉燒、海苔、筍乾，並放上蛋捲魚板增添色彩。

紅色吧台與圓椅，洋溢復古感的店家

狸小路

さんかくやまごえもんらーめん

三角山五衛門ラーメン

搭配絕妙的自製麵與湯頭

札幌知名烏龍麵店「三角山五衛門」經營的拉麵店。店家自製麵條模仿烏龍麵的製作方式，用腳踏出有嚼勁口感。散發出羅臼產鮭魚柴魚風味的和風湯頭，滋味純淨多層次，與店家自製直麵是絕配。

☎011-261-9701 住札幌市中央区南2西9-998 交地下鐵東西線西11丁目站步行6分 ⏰10時30分～22時 休無休 P無 MAP附錄P11B2

醬油拉麵 650日圓
筍乾、蔥、茼蒿等清爽配料及清澈湯頭，與有嚼勁的麵很搭。

位於狸小路9丁目的店面，是只有7席的袖珍小店

大排長龍
硬幣拉麵

位於狸小路的「らーめんサッポロ赤星」500日圓鹽味拉麵很受歡迎。雞骨湯頭搭配蛤蠣高湯，呈現遠遠超越500日圓的高水準。

☎011-272-2065 MAP附錄P11B2

平岸

やまあらし

山嵐

使用有嚼勁粗麵的特色豚骨拉麵

可嘗到濃郁湯頭＆粗麵的特色豚骨拉麵名店。使用細心處理的豚骨熬成的湯頭，濃郁而不膩口。除了招牌白湯外，加入魚粉的海鮮湯頭780日圓也很受歡迎。

☎011-815-3030 住札幌市豊平区平岸1-9-6-1 ⏰11時30分～16時、17～21時 休無休 交地下鐵南北線平岸站步行10分 P11輛 MAP付錄P6E4

以吧台座位為主，另有一張桌子

白湯拉麵 780日圓

最後撒上的北海道產豬背脂讓濃郁度與香氣更上一層樓。乍看之下很膩但餘韻意外清爽。

香醇濃厚的
豚骨風味

以海鮮高湯決勝負
沾麵系列

濃豚沾麵醬油風味 830日圓

彈性十足的麵條，不管是大、中、小份價位都一樣。也記得試試糖心蛋100日圓等配料。

桌上提供特製辣粉，加進去又是完全不同的風味

北大周邊

あらだきとんこつあらとん ほくだいまえてん

あら焚き豚骨あらとん 北大前店

海鮮風味醇厚的香濃沾麵湯

在豚骨湯頭中加入當季鮮魚東海鱸熬煮，滋味令人印象深刻。搭配有嚼勁特粗麵條組成的沾麵是招牌餐點。

☎011-758-9988 住札幌市北区北15西5-1-7 ⏰11～14時30分LO，16～21時（麵湯售完即打烊）休週一（逢假日則翌日休）交地下鐵南北線北18条站步行5分 P無 MAP附錄P6D1

西線9条旭山公園通

ぼんのかぜ

凡の風

細緻的風味與滋味豐富的透明湯頭

充滿原創性的拉麵，使用雞骨、豚骨、海鮮融合成的美味湯頭，廣受好評。推薦餐點為使用蒙古鹽等三種鹽及蔥油的鹽拉麵。

☎011-512-2002 住札幌市中央区南8西15-1-1 ⏰11時～16時、18時～21時（週六、日、假日為11時～20時）休週三（逢假日則翌日休）交市營電車西線9条旭山公園通站即到 P8輛 MAP附錄P6D3

鹽拉麵 750日圓

入口即化的豬五花叉燒、調味糖心蛋等配料也十分講究。

店裡使用間接照明，吧台與桌子共14席

細緻深奧的風味
鹽味

最近來自東京的二郎系列拉麵也在札幌快速展店。此外午晚推出不同菜單的新型態店家也紛紛出現。

搭配透心涼的冰啤酒 盡情享用蒙古烤肉

剛烤好的多汁蒙古烤肉，搭配冰涼生啤酒是最佳組合。
在提供工廠直送新鮮啤酒的札幌市區啤酒園，享受絕佳好滋味。

東區公所前

さっぽろびーるえん

札幌啤酒園※

在歷史悠久的紅磚建築内品嘗羔羊肉

明治23年（1890）建造的紅磚建築工廠改建，現為包括開拓使館、白楊館等共4館組成的巨型啤酒園。手拿北海道限定生啤酒，邊品嘗羔羊蒙古烤肉及道產食材烹調的各種單點佳餚。

☎0120-150-550(予約) 住札幌市東区北7東9-2-10 🕒11時30分～21時30分LO 休無休 交地下鐵東豐線東區公所前站步行10分 P200輛 MAP附錄P6F1

1擺放在開拓史館内，大正時代用來釀啤酒的大桶十分吸引人目光2陽光穿過古典的彩繪玻璃照進店内

招牌皇家吃到飽食物飲料無限量供應100分 4212日圓

生羔羊肉與傳統（腰内肉）2種，付蔬菜。＋432日圓則可無限暢飲經典桶裝生啤與蝦夷桶裝生啤。

要點什麼啤酒？

北海道限定經典生啤酒
小啤酒杯572日圓

札幌啤酒園限定札幌Five Star
玻璃杯529日圓

高級黑生啤酒
啤酒杯637日圓

什麼是蒙古烤肉？

使用有直條紋的鐵鍋燒烤羊肉與蔬菜，再搭配醬油基底醬料品嘗的烤肉料理。肉以羔羊及羊肉兩種為主，有些店家也提供將肉浸在醬汁中的"醃肉"口味。

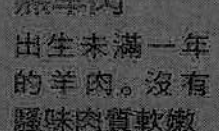

羔羊肉
出生未滿一年的羊肉。沒有腥味肉質軟嫩

羊肉
2歲以上的羊肉，擁有羊肉特有的獨特風味。

美味吃法❸Step

1 將烤鍋完全加熱，中間放上牛油或豬油，周圍鋪上蔬菜。

2 在油脂加熱後，立刻將要吃的肉放上烤鍋。

3 烤得差不多時就翻面，重點是不要烤過頭。

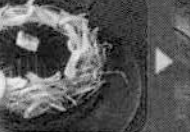

※札幌啤酒園與札幌啤酒博物館於2016年2月上旬～4月中旬之間改裝休息。營業時間等將有調整。

用餐前先去參觀

さっぽろびーるはくぶつかん
札幌啤酒博物館※

位於札幌啤酒園隔壁的國內唯一一座啤酒博物館。除了有豐富資料介紹札幌啤酒的歷史外，還提供付費試喝服務。

☎011-748-1876 ¥免費入館 🕒10時30分～18時30分（入館為～18時）休週一（逢假日則翌日休，有特別休館日）MAP附錄P6F1

博物館為明治23年（1890）建造的工廠，風情獨具。

▶介紹啤酒歷史及札幌街景變化的一景

◀展出工廠實際使用的大銅釜

中島公園

きりんびーるえん ほんかん
麒麟啤酒園 本館

在挑高的大廳裡熱鬧用餐

2樓為挑高的啤酒大廳，最多可容納580人，1樓為螃蟹料理中心「蟹問屋」，樓上樓下的氣氛大不相同。搭配麒麟千歲工廠直送的啤酒，享用軟嫩的蒙古烤生羔羊肉以及海鮮菜餚。

☎011-533-3000 住札幌市中央区南10西1-1-60 🕒11時30分～21時30分LO 休無休 交地下鐵南北線中島公園站步行2分 P30台輛（用餐顧客可享3小時免費）MAP附錄P6E3

挑高建築十分開闊的2樓啤酒大廳

蒙古烤肉 飲料食物無限量供應100分 3950日圓
生羔羊肉不腥且餘韻清爽。＋150日圓可追加店家獨門醬料蒙古烤肉。

＋ 要點什麼啤酒？

一番搾り 中啤酒杯594日圓
Brau Meister 中杯啤酒637日圓
一番搾りStout黑啤酒 中啤酒杯604日圓

白石

あさひびーるえん はまなすかん
朝日啤酒園　HAMANASU館

滋味超群的現榨生啤酒

位於朝日啤酒北海道工廠腹地內，倒入啤酒杯內的啤酒是名符其實的"現做"啤酒。除了生羔羊肉外，還提供美味超群的特塞爾羊腰內肉1130日圓以及各種稀有北海道羊肉。

☎011-863-5251（綜合預約專線）住札幌市白石区南郷通4南1-1 🕒11時30分～21時LO（冬季為平日17時～，週六、日、假日為11時30分～）休無休 交地下鐵東西線白石站步行5分 P150輛 MAP附錄P4D3

1、2樓共可容納1000名客人的大型店舖

特級羔羊肉蒙古烤肉食物飲料無限量供應120分 3900日圓
從紐西蘭低溫直送的生羊肉，相當新鮮完全沒有腥味

＋ 要點什麼啤酒？

Super Dry 中啤酒杯540日圓
琥珀時間 玻璃杯520日圓
朝日黑生啤酒 中啤酒杯540日圓

賞花時也吃蒙古烤肉才是北海道風格。盛開的櫻花樹下瀰漫陣陣烤肉煙霧，是北國春天的風情。

有深度？重時尚？
可自選喜好風格的蒙古烤肉餐廳

在薄野與狸小路一帶，有許多可享受道地蒙古烤肉的餐廳。
無論是有懷舊吧檯座位或時尚店家，可自選喜歡的風格也是樂趣所在。

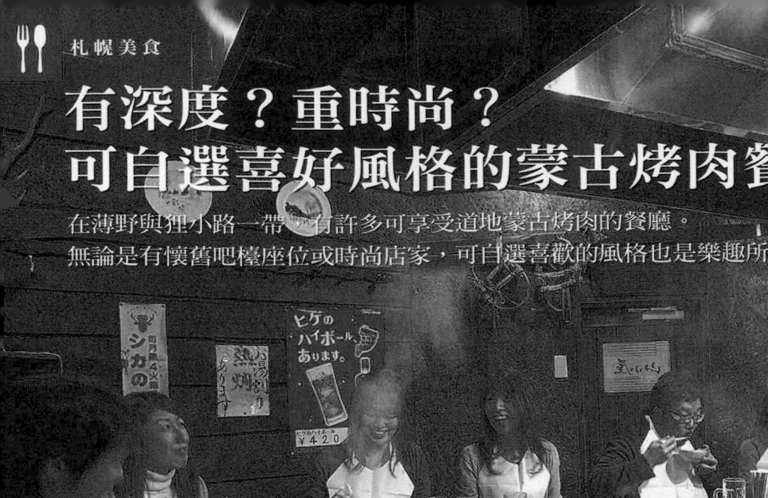

在吧台享受熱鬧的深度樂趣

用並排在吧台前烤爐爽快烤肉大快朵頤

薄野

なまらむじんぎすかん やまごや

生ラムジンギスカン 山小屋

以特製醬汁襯托羔羊肉的美味

在有15個吧檯座位的山間小屋風格店內，可品嘗到紐西蘭及澳洲冷凍運送的生羔羊肉。毫無腥味，濕潤柔軟的肉質，與加入蘋果的特製醬汁是絕配。附餐蔬菜無限量供應也是賣點之一。

☎011-271-2853 住札幌市中央区南4西4第5グリーンビル1樓 ⌚17時～22時30分LO 休無休 交地下鐵南北線薄野站步行3分 P無 MAP附錄P10D2

◀開店後人潮絡繹不絕的名店

羔羊肉972日圓
使用瘦肉和油花平均的肩胛肉。番茄經燒烤後更顯鮮甜。

醬汁＋調味料美味享用

加碼推薦
羔羊肉＆鹿肉（數量有限）1080日圓
山小屋特製麻糬 432日圓

白芝麻
除了香濃，粒粒分明的口感讓風味更升級。

蒜泥
想來點刺激的就加這個，還有洋蔥泥。

辣椒
用刺激的辣味襯托油脂的口感及香氣。

醬汁
加入蔬菜及蘋果熟成的醬油基底特製醬料

薄野

じんぎすかんだるま ほんてん

成吉思汗だるま 本店

在古樸的店裡享用傳統風味

昭和29年（1954）創業的老字號。利用條紋鐵烤盤去除多餘油脂的烤羊肉，既無腥味又多汁。醬料可依個人喜好加入國產大蒜及韓國辣椒。

▲僅有16席吧台座位，十分小巧的店内

☎011-552-6013 住札幌市中央区南5西4クリスタルビル1樓 🕒17時～翌2時30分LO 休無休 交地下鐵南北線薄野站步行3分 P無 MAP附錄P10D3 ※在步行3分範圍內有3家分店

加碼推薦

店家自製泡菜 341日圓
泡菜醃鱈魚內臟341日圓

蒙古烤肉794日圓

可一次嘗到肩胛肉、腿肉、大腿肉等各種部位，加點蔬菜一盤210日圓～。

狸小路

あじみちじんぎすかん あるこ

味通ジンギスカン アルコ

在隱密的小店享用新鮮羊肉

在風情獨具的吧檯座位享用蒙古烤肉。是間很受當地人歡迎的店。清爽偏辣的醬油醬汁，襯托出羊肉深度的美味。此外也別錯過燉羊肉與義大利麵餃等單點菜餚。

▲店内洋溢復古風情。僅有12席吧台座位

☎011-221-7923 住札幌市中央区南3西7 🕒17時～21時30分LO（週日、假日為～21時LO） 休週一 交地下鐵大通站步行7分 P無 MAP附錄P11C2

加碼推薦

滷羊筋550日圓
羊肉義大利餃700日圓

蒙古烤肉700日圓

由於店家進貨都是整頭羊，可品嘗到各種部位。蔬菜可自由追加。

北海道產薩福克郡生羊肉1150日圓

特色為清爽的餘韻與微微的甘甜。洋蔥與長蔥小菜110日圓無限量供應。

薄野

よぞらのじんぎすかん

夜空のジンギスカン

吃遍來自各產地的羊肉

位於大樓頂樓10樓，在品嘗烤肉之餘可欣賞薄野的夜景。提供少見的道產羔羊肉，以及澳洲、冰島等各產地羔羊肉。

☎011-219-1529 住札幌市中央区南4西4MYプラザビル10樓 🕒17時～24時30分LO 休無休 交地下鐵南北線薄野站步行2分 P無 MAP附錄P10D2

蒙古烤肉（肩胛肉）860日圓

經數天熟成讓肉質更加柔嫩。加點洋蔥及青蔥各210日圓。

薄野

ひげのうし

ひげのうし

空間設計師設計的簡約店面

鋪磁磚的地板、木紋簡約風格牆面，讓人完全不覺得是在蒙古烤肉餐廳的時尚店面。除了各種蒙古烤肉，還提供沙拉、奶油馬鈴薯、甜點等各種品項。

☎011-281-2980 住札幌市中央区南3西5 🕒17時～24時30分LO（週日、假日為～23時30分LO） 休不定休 交地下鐵南北線薄野站步行5分 P無 MAP附錄P10D2

在蒙古烤肉店無法避免讓衣服沾上烤肉味。若想毫不拘束地享用，建議以沾上味道也無妨的輕鬆打扮前往。

享用札幌發祥的在地美食 湯咖哩

在辛辣的湯頭中加入大量蔬菜的札幌名產美食。
一定要試試這道深受札幌人喜愛的既刺激又份量十足的菜餚。

湯頭重點
店家特調香辛料，層次、鮮味、辣味取得絕妙平衡的好味道。

北惠道1140日圓＋涅槃（辣）190日圓
除了軟嫩的雞腿，還加入15種豐富道產蔬菜與豆類。

南鄉7丁目

まじっくすぱいす

マジックスパイス

幫湯咖哩命名的店就是這裡！

雞肉為主的清爽湯頭，擁有使用約20種香辛料調出的多層次好滋味。好味道讓第一次吃的人也容易接受。辣度從覺醒＋60日圓到虛空＋240日圓共有7種等級，涅槃＋190日圓以上的等級，料的份量也會升級。

☎011-864-8800 住札幌市白石区本鄉通8南6-2 ◷11～15時、17時30分～22時（週六、日，假日為11時～22時） 休週三、四 交地下鐵東西線南鄉7丁目站步行3分 P18輛 MAP附錄P4D3

1赤紅的牆壁令人印象深刻，店裡洋溢異國風情 2以印度教的神祇·象頭神為招牌

湯頭重點
以徹底去除油份為賣點。來自蔬菜本身的甘甜也是重點。

北海道產土雞咖哩 1350日圓
燉煮過後的烤雞腿又香又多汁。並加入大量季節蔬菜。

大通公園

かりー でぃ.さぼい

Curry Di.SAVoY

襯托出食材美味的清爽湯頭

湯頭以雞骨及蔬菜熬煮，放置一晚去除多餘油脂，就成了襯托出湯料與香辛料風味的清爽湯頭。除了招牌的雞肉與海鮮，也很推薦使用當季海鮮及蔬菜的限量15份每日餐點897日圓。

☎011-219-7810 住札幌市中央区南1西5-7豊川南1条ビル地下1樓 ◷11時30分～22時LO 休週三（假日、黃金週、盂蘭盆節假期、年初年末則營業） 交地下鐵大通站步行3分 P無 MAP附錄P11C1

1午餐時間周邊上班族雲集，高朋滿座 2位於面向市營電車路線的大樓地下樓層

什麼是湯咖哩？

以雞骨、豚骨，有香氣的蔬菜熬湯，加入香辛料後做成湯羹狀的咖哩。湯中加入大量大塊蔬菜，飯一般則是另外盛裝。

美味食用方式共有3種

①浸入湯中
用湯匙挖起一口大小的飯，進入湯中後食用。

②淋上湯汁
若是較濃稠的湯，淋在飯上也OK。

③放入湯裡
將飯倒入湯中，對第一次吃的人來說較容易入口。

店家各自講究的咖哩調理包

許多人氣店家會推出送禮用的湯咖哩調理包，就算在家也能享受名店的好滋味。照片為マジックスパイス（＊p60）推出，濃稠的咖哩，可加入香料佐料包調整辣度。スープカレーの素2人份300日圓。

北大周邊

かれーしょくどう こころ さっぽろほんてん

カレー食堂 心 札幌本店

品嘗調和多種滋味的名店一品

2001年創業，是札幌湯咖哩餐廳中的老店。可在此享用完美結合辣味、酸味、美味的蕃茄基底湯咖哩。食材為向簽約農家進貨的減農藥米和馬鈴薯等，十分講究。

☎011-758-8758 住札幌市北区北15西4-2-23シティハイムN15 1樓 ⌚11時30分～22時（售完即打烊） 休無休 交地下鐵南北線北18条站步行4分 P8輛 MAP附錄P6D1

帶骨雞肉湯咖哩 980日圓

雞肉一咬就化開，十分柔嫩。平日午餐時段僅900日圓即可享用。

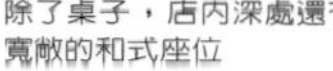

除了桌子，店內深處還有寬敞的和式座位

湯頭重點

可嘗到肉湯與蕃茄的美味。焦香的羅勒增添另一種風味。

北大周邊

さっぽろすーぷかりぃせんもんてん ぴかんてぃ

札幌スープカリィ專門店 PICANTE

自行搭配喜歡的料與湯頭

湯頭可選清爽的「開闢」和濃郁的「38億年的風」等5種口味。自行組合雞肉、羊肉、以及使用黑糖和泡盛調味的東坡肉等各種配料及湯底也是種樂趣。

☎011-737-1600 住札幌市北区北13西3アクロビュー北大前1樓 ⌚11時30分～22時45分LO 休無休 交地下鐵南北線12条站步行3分 P3輛 MAP附錄P6D1

PICANTE SPECIAL（每日例湯）1050日圓

可在一道菜中同時嘗到雞腿肉的柔嫩與炸牛蒡的酥脆。

店內洋溢亞洲風情。共42席

湯頭重點

使用甘甜蔬菜湯與調和刺激性強的香辛料，融合成令人印象深刻的滋味

狸小路

かれーあんどごはんかふぇ［おうち］

カレー&ごはんカフェ[ouchi]

在可愛咖啡廳享用道地咖哩

湯底可從吸滿蔬菜甘甜的「とろとろ」及辛辣的「さらさら」中2選一。提供招牌雞腿及每月菜餚等豐富選擇。每日午餐及甜點也有多種選擇，也算是咖啡廳。

☎011-261-6886 住札幌市中央区南3西7-7-26 ⌚11時30分～22時LO（週日，假日～19時30分LO） 休不定休 交地下鐵大通站步行7分 P無 MAP附錄P11B2

經典湯頭雞肉和16種蔬菜的湯咖哩 1480日圓

烤得酥脆焦香的雞腿十分美味。加入大量七彩的蔬菜，健康滿分。

可感受女店主品味的店內

湯頭重點

湯底為雞骨、豚骨、蔬菜，並加入約20種店家獨創香辛料。

可在札幌市區的伴手禮店及新千歲機場等地，買到送禮用的湯咖哩調理包。何不在家享受道地的美味呢？

新鮮度與CP值超高的優質店家 札幌的高水準壽司

被日本海、太平洋、鄂霍次克海三大海域環繞的北海道，最大魅力就是擁有豐富海產資源。除了在吧檯座位享用的壽司外，迴轉壽司的水準也高得驚人。

午間握壽司 870日圓
壽司主料為每日更換。也可能會出現當季的珍饈，敬請期待！附湯。

❖大概預算❖
午 午間握壽司870日圓～
晚 握壽司1人份1080日圓～
無菜單料理6480日圓～

在午餐時段享用吧台握壽司

大通公園
すしどころ さとう
すし処 佐藤

一定要嚐嚐講究的壽司主料和醋飯

食材以北海道各地來的新鮮當季漁獲為主，新鮮的壽司主料與醋飯的絕妙比例很受好評。午餐時段可享用每日更換菜單的午間限定握壽司，晚餐時段則可細細品味經驗老道的店長所搭配的無菜單料理。

☎011-210-7233 住札幌市中央区大通西5昭和ビル地下1樓 ⏲11時30分～13時30分(醋飯賣完即打烊)、17時～22時30分 休週日、假日 交地下鐵大通站相連 P無 MAP附錄P11C1

握壽司師傅

店長
管理這間人氣店家的店長，曾在札幌的壽司名店磨練手藝，有40年資歷。

除了10個吧檯座位，也有小的和室座位。

大通公園
すしのふくいえ
寿司の福家

提供各種划算的午間套餐

使用以北海道產為主的嚴選當季食材，是辦公區的知名店家。壽司午餐套餐有握壽司套餐700日圓及女性限定特餐握壽司4貫加花壽司900日圓等充滿變化的8種選擇。

☎011-232-1567 住札幌市中央区南1西5KAGA1・5ビル地下1樓 ⏲11時30分～14時LO、17～23時 休週日 交地下鐵大通站步行2分 P無 MAP附錄P11C1

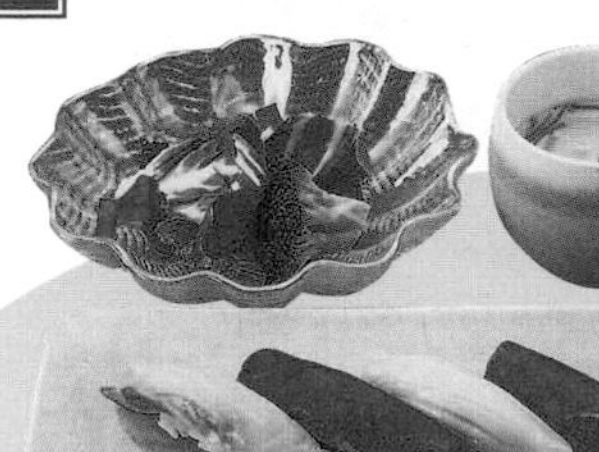

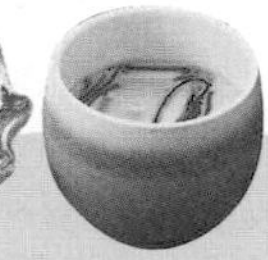

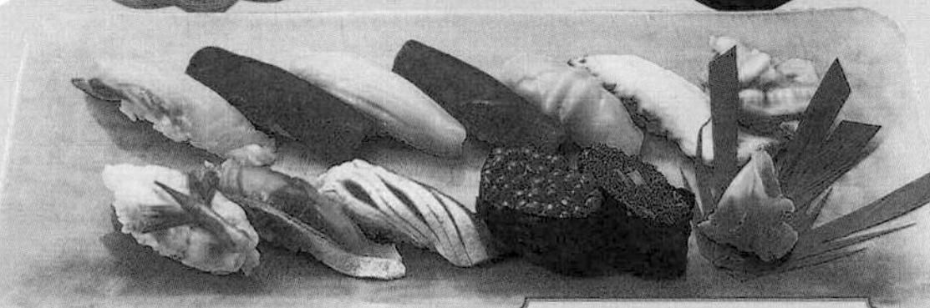

滿腹握壽司 1300日圓
1.5人份的握壽司、茶碗蒸、沙拉、湯套餐。可盡情享用當季新鮮海鮮。

除了吧台，還提供能好好放鬆的包廂

握壽司師傅

店長
資歷約20年。會推薦顧客最好吃的當季食材。

❖大概預算❖
午 午餐700日圓～
晚 師傅特選1人份5000日圓～

在迴轉壽司吃到飽

前往海產批發商直營的迴轉壽司

「回転寿し 魚一心ススキノラフィラ店」提供從道内及日本各地空運來的海鮮，鮮度超群。極光牌鮭魚230日圓

☎011-518-7177 MAP附錄P10D2

札幌車站周邊

かいてんずし ねむろ はなまる じぇいあーるたわーすてらぷれいすてん

回転寿司　根室　花まる JR Tower STELLAR PLACE 店

可輕鬆享受北海道新鮮海產

使用以根室為首的北海道内各地港口直送新鮮食材1盤141日圓～價位十分實惠。根室名產・花咲蟹味噌湯292日圓，十分受歡迎。

☎011-209-5330 住札幌市中央区北5西2JR Tower STELLAR PLACE6樓 ⏰11～23時 休無休 交JR札幌站相連 P契約駐車場利用 MAP附錄P8D2

根室秋刀魚195日圓～
肥嫩的根室產秋刀魚於8～10月登場

醬油醃鮭魚卵巢249日圓
滋味豐富，入口即化。

生鮮帆立貝346日圓～
道東 野付產。肉質肥厚口感滿分。

此外也推薦生鮮北寄貝292日圓，鮭魚骨邊肉141日圓，當季白肉魚249日圓

6盤共1472日圓

札幌車站周邊

かいてんずし とっぴ～ ほっかいどう えすたてん

廻転ずし とっぴ～ 北海道　ESCA店

以划算價位享用大塊北海道壽司料

約80種選擇豐富的壽司料可以1盤135日圓、189日圓、248日圓、388日圓4種價位享用。店内後方有可欣賞夜景的座位。

☎011-271-6720 住札幌市中央区北5西2札幌ESCA10樓 ⏰11～22時 休無休 交JR札幌駅直結 P契約駐車場利用 MAP附錄P8D2

鮭魚135日圓
肥嫩鮭魚肉為人氣No.1首選。

鮭魚卵248日圓
新鮮的鮭魚卵軍艦壽司是必點品項。

生鮮螺肉388日圓
有咬勁的日高襟裳產螺肉。

此外也推薦鮭魚135日圓，生帆立貝248日圓，烤鮭魚大腹189日圓

6盤共1343日圓

薄野

かいてんすし かついっせん みなみさんじょうてん

回転すし 活一鮮 南3条店

由師傅手捏新鮮海鮮道地壽司

除了北海道產的當季漁獲外，也有許多漁港直接進貨的新鮮食材。菜色約有80種。也有稀有食材和單品料理。

☎011-252-3535 住札幌市中央区南3西5-1-11ノルベサ地下1樓 ⏰11～15時、16時30分～22時30分LO（週六、日，假日為11時～22時30分LO） 休無休 交地鐵薄野站步行3分 P無 MAP附錄P11C2

海膽518日圓
入口即化的小小奢侈。

生鮮北寄貝410日圓
可嘗到多層次甘甜的苫小牧產地直送生鮮貝。

甜蝦205日圓
以增毛產為主，肉質Q彈的蝦。

此外也推薦鮪魚205日圓，帆立貝313日圓，烏賊162日圓

6盤合計1813日圓

哪些是北海道特產的壽司料？

3面環海的北海道是新鮮海鮮的寶庫。除了鮭魚卵與螃蟹等受歡迎的經典食材外，也可嘗嘗鯡魚等北海道才有的當季食材。

✿在這裡✿ 當季特選壽司料

春

春鯡魚
季節●2～3月
優雅甘甜的肥嫩肉質，纖細的口感

夏

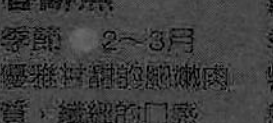

鮑魚
季節●6～7月中旬
特色為Q彈的口感，滋味鮮美。

秋

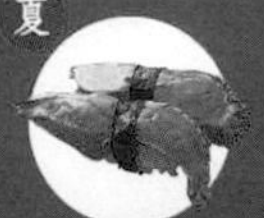

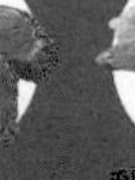

秋刀魚
季節●7～10月
結實有彈性的肉質是產地限定。

冬

鱈魚白子
季節●10～3月
口感綿密的鱈魚白子。

迴轉壽司的重點是產地直送鮮度超群的「生鮮壽司料」。可以划算的價位享用當季最好吃的海鮮。

豐富的北海道海味
兩大市場的超豪華海鮮丼

若要享用北海道知名的鮮度、質量皆超群的海鮮，就要前往札幌兩大市場。來碗甘甜入口即化的海膽、鮭魚卵，肥大的牡丹蝦等當季食材組成的海鮮丼吧。

かいせんしょくどう きたのぐるめてい

海鮮食堂 北のグルメ亭

海鮮市場「北のグルメ」的附設海鮮食堂。使用現撈新鮮海鮮及店家自製鮭魚卵，共有12種選擇的海鮮丼。還有烤單鰭多線魚及烤石狗公等各種單點菜餚。

☎011-621-3545 住札幌市中央区北11西22-4-1 ⏲7時～14時30分LO 休無休 MAP附錄P7C1

共有250席的寬敞店内

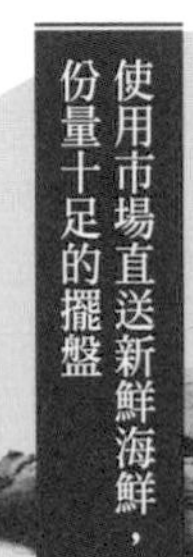

海鮮丼3210日圓
飯上有滋味濃郁的馬糞海膽及Q彈的牡丹蝦等共10種海鮮。

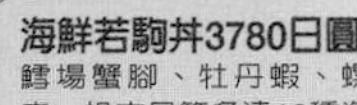

海鮮若駒丼3780日圓
鱈場蟹腳、牡丹蝦、螺肉、帆立貝等多達13種海鮮將大碗裝得滿滿。

たいりょうすし わかこま

大漁寿し 若駒

提供使用從隔壁批發市場進貨的當季海鮮調理的握壽司、海鮮丼等海鮮料理。大廚以熟練手勢裝盤的海鮮丼，擺盤華麗讓人捨不得吃。

☎011-644-7722 住札幌市中央区北11西21 ⏲9～21時 休無休 MAP附錄P7C1

除了面向大廚的吧檯座位，還有桌子座位

さっぽろしちゅうおうおろしうりしじょう じょうがいしじょう

札幌中央批發市場 場外市場

位在北海道内最大規模的札幌中央批發市場隔壁。除了排滿北海道各地海鮮的海產店，還有鮮果店、海鮮餐廳、壽司店等共60家店。

☎011-621-7044（場外市場中心街商業組合） 住札幌市中央区北11西21～23 ⏲休因店家而異 交地下鐵東西線二十四軒站步行8分 P100輛 MAP附錄P7C1

前漁夫經營的知名海產居酒屋

薄野「羅臼 海味 はちきょう」的招牌菜，是配合氣勢十足的吆喝聲裝盤的鮭魚卵蓋飯つっこる飯。1990日圓。

☎011-222-8940 MAP附錄P10D2

鮮度超群的當季北海道產海鮮於丼飯中齊聚一堂

店家嚴選海鮮丼（上）2800日圓

可一次嚐到當日進貨的新鮮北海道海鮮共15～20種的幸福丼飯。

かいせんどころ さかなやのだいどころ にじょういちばてん

海鮮処 魚屋の台所 二条市場店

店面為於二条市場隔壁的二条通上。

嚴選店主認為當季最美味的北海道海鮮。藉由資深壽司師傅店主的精準眼光，推出各種受歡迎丼飯。最推薦的是豪邁放上15種以上海鮮的店家特製海鮮丼。堅持使用道產食材的生海膽丼2800日圓～也很受歡迎。

☎011-251-2219 住札幌市中央区南2東2小西ビル1樓 ⏰7時30分～17時(壽司料售完即打烊) 休週三不定休 MAP附錄P10F2

けいらん丼4200日圓

使用鮪魚中腹、蟹肉碎肉、馬糞海膽共14種海鮮，口感滿分。

當日進貨的當季壽司料快從碗裡滿出來了！

大通公園

にじょういちば

二条市場

明治初期開業的魚市場，原本利用市場旁的創成川運送石狩漁港的漁獲。在拱廊商店街及室内的新二条市場内，有以海產店為主共約50家商店。

☎011-222-5308(札幌市二条魚町商業協同協會) 住札幌市中央区南3東1～2 ⏰休因店家而異 交地下鐵大通站步行7分 P有簽約停車場(消費顧客免費) MAP附錄P10E2

こんどうのぼるしょうてん すしどころけいらんてん

近藤昇商店 寿司処けいらん店

創業七十多年的老字號海產店的直營餐廳。在選擇豐富的海鮮丼中最推薦的，是加入幾乎所有櫃檯櫥窗中壽司料的けいらん丼。此外也可參考3種迷你丼與3貫握壽司組合的套餐北海五膳2500日圓，及各種單點菜餚。

☎011-241-3377 住札幌市中央区南3東2-9 ⏰8時～16時30分LO 休無休 MAP附錄P10E2

除了15席吧台座位，還有一般桌位

在市場內尋找海鮮類伴手禮也是種樂趣。選魚的時候要記得注意表面光澤。表面閃閃發光的漁獲是肉質肥嫩的保證。

將妝點當地人餐桌的好吃美食打包帶走

讓人想打包回家享用，來自北海道豐饒大地與海域的美味。
這裡精選可當作旅行的餘韻，並為日常飲食增添色彩的各種品項。

AICHI FOODS的香濃布丁醬 140g670日圓

可吃到北海道濃郁牛奶風味的果醬，香濃又滑順，與麵包很搭。

木古内町〈スイーツギャラリー北じま〉檸檬蛋糕 162日圓

檸檬狀的蜂蜜蛋糕體上淋上檸檬口味的白巧克力。

ご馳走家ゆたか的和風起司 9個702日圓

加入十勝產山葵，並可隱約嘗到白酒風味的起司。嗆鼻的辣味令人上癮。

小林食品的貓足昆布香鬆 30g324日圓

充滿黏性的貓足昆布及柴魚混合成的香鬆。可用在茶泡飯或沙拉等多種菜餚。

使用谷口農場番茄與黃豆、紅豆的濃湯 160g450日圓

以少農藥及化肥的特別栽植熟透番茄為基底，加入大量黃豆及紅豆。

香遊生活的特級花草茶 15g2415日圓

照片中的「FEEL FINE蒼」為使用德國洋甘菊等13種藥草混合的茶。

SHOP DATA

札幌車站周邊

ほっかいどうどさんこぷらざさっぽろてん

北海道どさんこプラザ札幌店 Ⓐ

北海道產品的展售中心。從經典甜點伴手禮到只有這裡才有的迷你工房商品，共有多達2000種品項。

☎011-213-5053 住札幌市北区北6西4JR札幌駅西コンコース北口 ⓛ8時30分～20時 休無休 交與JR札幌站相連 P無 MAP附錄P8D2

大通公園

まるいいまいきたきっちん おーろらたうんてん

<丸井>道產食品セレクトショップきたキッチン Aurora Town店 Ⓑ

販售農、海產加工製品及調味料、甜點等約1200種受歡迎的北海道產食品。

☎011-205-2145 住札幌市中央区大通西2さっぽろ地下街Aurora Town ⓛ10時～20時 休不定休 交與地下鐵大通站相連 P有簽約停車場（消費顧客免費） MAP附錄P8E4

狸小路

どうさんしょくさいはぐ

道產食彩HUG Ⓒ

在面向狸小路的販售處，各種直接向北海道內生產業者進貨的新鮮蔬菜、加工產品、特產並排陳列。附設可嘗到豬肉丼及蕎麥麵等道產食材菜餚的美食街。

☎011-242-8989 住札幌市中央区南2西5狸小路5丁目 ⓛ10～19時（美食街為11～22時） 休因店家而異 交地下鐵大通站步行5分 P無 MAP附錄P11C2

從札幌市中心前往郊外來趟一日遊吧

在盡情享受過札幌市中心觀光後，就去郊外來趟小旅行吧？可沉醉在五光十色的夜景，或欣賞藝術品。或是稍微走遠點，造訪很受當地人歡迎的散步小鎮圓山。只要搭乘地下鐵、市營電車、巴士就可輕鬆前往。

享受藻岩山瞭望台與夢幻晚餐

在藻岩山瞭望台可欣賞到將札幌市區盡收眼底，被譽為北海道三大夜景之一的美景。充分欣賞過美麗的街道後，可在享用晚餐之餘欣賞極美的夜景。

もいわやまさんちょうてんぼうだい

藻岩山瞭望台

參觀需時 1小時

從山頂看出去的光之地毯

從海拔531m的藻岩山山頂可將市區美景盡收眼底，是札幌首屈一指觀景地點。重新裝修後的星象儀及法式餐廳都很受歡迎。札幌市在「夜景サミット2015in神戶」的尖峰會中被選為日本新三大夜景。

☎011-561-8177（札幌藻岩山纜車）住札幌市中央区伏見5-3-7 ¥纜車+Morris car來回1700日圓 ⏰10時30分～22時（冬季為11時～）※依年度有所調整，需洽詢 休無休（11月有維修停駛日，需洽詢）P山麓駐車場120輛等 交從市營電纜車入口站往山麓站步行10分，或搭15分一班的免費接駁車5分 MAP附錄P5C3

在中腹站的商店購買原創伴手禮

もいもいのおみせ

販售藻岩山吉祥物・藻岩松鼠主題的原創周邊商品及各種伴手禮。

☎011-518-8080

▼岩藻松鼠立體方塊吊飾各540日圓

▶星星夜空・藻岩1箱680日圓

在山頂也記得CHECK這些

繁星大廳

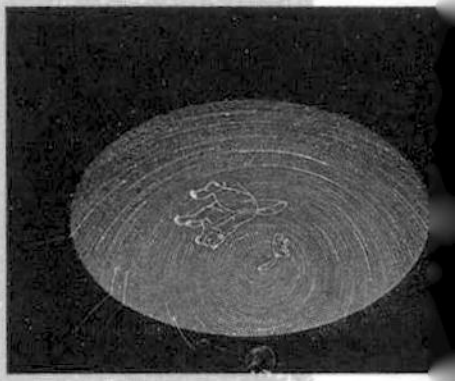

除了可欣賞以最新型投影機投影的星象外，還播放介紹札幌的3D影片。

☎011-518-8080（もいもいのおみせ）¥星象儀觀賞費700日圓

▼星象儀放映時間約20分

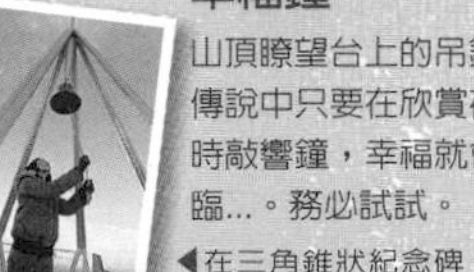

幸福鐘

山頂瞭望台上的吊鐘。傳說中只要在欣賞夜景時敲響鐘，幸福就會降臨…。務必試試。

◀在三角錐狀紀念碑下吊著大鐘

彷彿寶石散落一地的美麗夜景就在眼前

從藻岩山瞭望台欣賞夜景

藻岩山山麓的復古咖啡廳

利用昭和2年（1927）建造的民家改建的「ろいず珈琲館 旧小熊邸」。可在風情獨具的店內享用蛋糕套餐800日圓等。

☎011-551-3939 MAP附錄P7C4

ざ じゅえるず

THE JEWELS

山頂站附設，札幌市區海拔最高的餐廳。在欣賞華麗夜景之餘還可享用北海道產食材烹調的高級法國料理。晚餐全餐4860日圓～，法式套餐1296日圓～。

☎011-513-0531 🕒11時30分～21時(12～3月為12～21時)※店休、交通資訊請參照P68藻岩山瞭望台

也記得享受眼底的市區絕佳美景

＜晚餐＞
◆預算…2人10000日圓～
◆預約…不需要

Premium
✣10800日圓✣
燉黑毛和牛等共7道菜的全餐。餐點內容不定期調整。

從一整面的大落地窗將夜景全景盡收眼底

ひるさいどてらす
ふしみぐりえ

HILLSIDE TERRACE ふしみグリエ

位於山麓上的高臺，從窗戶看出去的夜景美不勝收。可在裝潢時尚的店內享用北海道產起司鍋及牛肉漢堡排等佳餚。

☎011-533-2432 住札幌市中央区伏見2-3-3 🕒11時30分～15時LO、17時～21時30分LO 休無休 P16台 交市營電車纜車入口站步行10分 MAP附錄P7C4

美麗的夜景搭配講究的料理

＜晚餐＞
◆預算…2人8000日圓～
◆預約…不需要

起司鍋＆
和牛漢堡排
全餐
✣3780日圓✣
起司鍋、十勝產和牛漢堡排、甜點等共七道。

從氣氛十足的座席欣賞五光十色的札幌之夜

わさい きらり

和菜 きらり

氣氛舒適寧靜的和食餐廳。除了可欣賞夜景的吧檯座位，還有包廂及露天座位（夏季）。午餐手打蕎麥御膳1480日圓～也十分受歡迎。

☎011-520-8030 住札幌市中央区伏見2-4-5 🕒11時30分～15時、17時30分～21時30分 休週一 P15輛 交市營電車纜車入口站步行3分 MAP附錄P7C4

＜晚餐＞
◆預算…2人11000日圓～
◆預約…不需要～

無菜單全餐
味覺步道
A全餐
✣5500日圓✣
內容由店家搭配，可品嘗使用不同當季食材烹調的創意料理。

可在和食中嚐到四季不同的美味

從吧台座位看出去的札幌市中心閃亮美景

在穿過山麓的藻岩山山麓通道（國道89號）周邊，有不少義式冰淇淋店及可欣賞夜景的酒吧等時尚店家。

以觀光客心情享樂 前往2大知名觀光景點

以克拉克博士像聞名的札幌羊之丘瞭望台與以甜點為主題的白色戀人公園。
抓住觀光重點後，就前往拜訪這兩個經典觀光景點吧。

さっぽろひつじがおかてんぼうだい

札幌羊之丘瞭望台

參觀需時 1小時

將翠綠的草原及石狩平原全景盡收眼底

昭和34年（1959）建於北海道農業實驗場一隅的瞭望台。在「克拉克博士雕像」身後是遼闊的牧歌般的草原及札幌市街。腹地內附設可享用蒙古烤肉1500日圓～的餐廳及北海道伴手禮商店。

☎011-851-3080 住札幌市豊平区羊ヶ丘1 ¥入場費520日圓 ⏲9～17時（因季節有所變動）休無休 P100台 交從地下鐵東豐線福住站，搭乘北海道中央巴士往羊之丘瞭望台方向10分，終點站下車即到 MAP附錄P4D3

可看到牧草地彼端的札幌市區，是視野十分良好的瞭望台

誰是克拉克博士？

明治初期的北海道開拓時期應聘為開拓使的美國人。擔任札幌農學校（現北海道大學）第一任校長。

享樂重點

向克拉克博士宣示"我的志願"

1 與克拉克博士一起拍攝紀念照

一定要與博士擺同個姿勢拍一張。要注意右手並不是"伸手指"的動作。

2 將"我的志願書"投到信箱裡

在專用表格1張100日圓（價格需確認）上寫上願望，投入雕像底座。會由負責單位保存。

3 敲響遠行之鐘，宣示自己的志願

位在奧地利館附近，被稱為「克拉克博士遠行之鐘」。在這誠心祈禱。

4 宣誓後到足湯區小歇一會

邊欣賞悠閒的風景，邊浸泡「羊之丘溫泉足湯」舒緩旅途勞頓。

5 到奧地利館購買克拉克博士周邊

可愛的克拉克博士周邊商品僅在奧地利館2樓的伴手禮店販售。手帕和鑰匙圈皆很受歡迎。

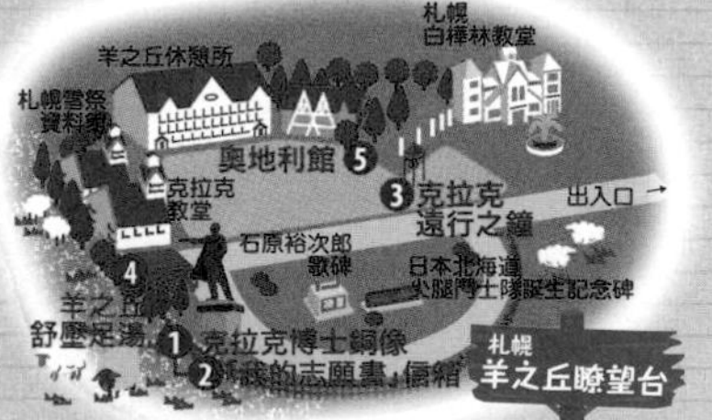

搭乘迷你火車參觀童話中的糖果屋

日本最北的全天候型巨蛋

「札幌巨蛋」為北海道日本火腿鬥士隊及札幌岡薩多隊的根據地。在沒有活動的日子會提供參觀導覽。

☎011-850-1000 MAP附錄P4D3

しろいこいびとぱーく

白色戀人公園

參觀需時 1小時

去看看北海道知名甜點的製造過程吧

除了可參觀收費館內工廠的知名甜點「白色戀人」生產線外，還提供實作體驗972日圓～（需預約）。也記得造訪擺滿石屋製菓公司產品的ピカデリー商店及糖果藝術專賣店。

☎011-666-1481 住札幌市西区宮の沢2-2-11-36 ¥入館600日圓 ⏲9～18時(入館服務為～17時，商店為～19時) 休無休 P120輛 交地下鐵東西線宮之澤站步行7分 MAP附錄P5B2

以中世紀的英國為概念建造的「都鐸式建築」並排林立。

享樂重點

前去參觀工廠吧

1 巧克力杯蒐藏室

直至18世紀為止巧克力都僅被當作飲料，這裡可看到珍貴的巧克力杯。

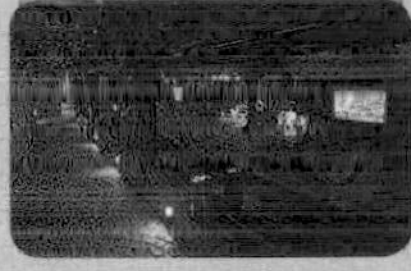

2 巧克力時光隧道

以復原模型及影片介紹19世紀英國巧克力工廠。

3 參觀白色戀人工廠

可看到製作巧克力夾心餅乾及包裝等過程。

4 甜點製作體驗工房

直徑約14cm的心型白色戀人巧克力的試做體驗972日圓最受歡迎。

5 巧克力吧

從大面落地窗，可欣賞機關鐘及手稻群山。

白色戀人聖代756日圓

6 自由大廳

除了購買經典甜點，還可看看將紀念照印在包裝上的白色戀人原創甜點盒。

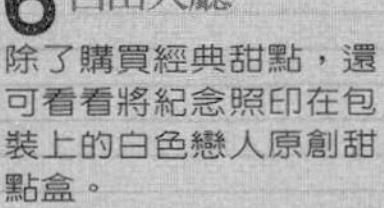
白色戀人特製餅乾盒36枚裝2859日圓

何不買回家當伴手禮？

白色年輪蛋糕 TSUMUGI 1盒1296日圓

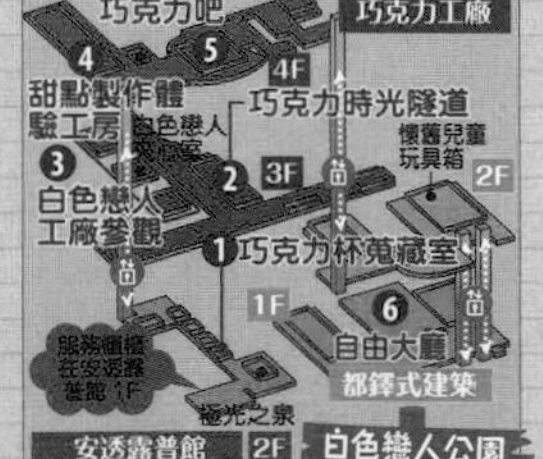

白色戀人公園館內圖

白色戀人公園附設的足球場，為職業足球隊．札幌岡薩多的專用練習場。在練習日時可近距離觀看選手們的身影。

以動物及公園綠意療癒身心 圓山半日悠閒漫步

前往深受當地人喜愛的動物園，或是去洋溢著神聖氣氛的神社參拜。
在擁有廣闊清爽天然林的圓山公園一帶則可來趟療癒漫步。

さっぽろしまるやまどうぶつえん

札幌市圓山動物園

參觀需時 1小時

與可愛的動物面對面

除了有北極熊與雪豹等哺乳類，還飼養並展示鳥類、昆蟲等約180種動物。在熱門企劃活動「大家的心動體驗」中，可邊聽飼育員解說，邊欣賞動物的進食情形（詳細時間請上官網確認）。

☎011-621-1426 住 札幌市中央区宮ヶ丘3-1 ￥ 入園600日圓 ◷9～17時（11～1月為～16時） 休 無休 P 收費833輛 交 地下鐵東西線圓山公園站搭乘JR北海道巴士往円山西町神社前等5分，動物園前站下車即到 MAP 附錄P7B3

陸地上最大的肉食動物，體長可達2～2.5m。公熊狄納利與母熊拉拉，加上牠們生的小熊里拉，共有4頭。

體型較大的狼種。以爸爸JAY為中心組成共4隻狼的家族。

站起來高達1.8m的大型袋鼠。過群體生活，園內共有8隻。

棲息於喜馬拉雅山等高山，最大特徵灰色及白色毛皮十分美麗。園內共飼養4隻。

蝦夷棕熊館 蝦夷鹿・狼舍 世界熊館 野生復育區 海獸舍 熱帶鳥類館 黑猩猩館 舞戸台外 猿屋 綜合水鳥舍 ネイチャーカフェ・アース 動物園之森 類人猿館 爬蟲類・兩棲類館 熱帶動物館 熱帶雨林館 非洲區預定地 高山館 猴山 快樂假日亞洲區 まるっぱ（遊樂設施廣場） 兒童動物園 寒帶館 西門 出口 Zoo Cafe 貓頭鷹和鷲鷹的森林 入口 袋鼠館 正門 官方商店 圓山動物園

? 綜合服務處（迷路廣播） 商店 餐廳 咖啡廳 廁所

肚子餓了 就點這個吧

北海道 可樂餅咖哩 650日圓

咖哩中無論是現炸可樂餅或米飯都是北海道食材。

→nature cafe EARTH

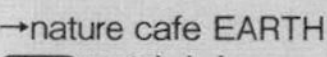

MAP P72中央左

有機栽培咖啡與白熊燒甜甜圈套餐 380日圓

咖啡搭配PIRIKA包裝的巧克力口味甜甜圈。

→Zoo Cafe MAP P72左下

把可愛的 伴手禮帶回家

白熊 時代廣場 6個裝950日圓

箱子為北極熊造型的卡士達醬蛋糕。

→官方商店

MAP P72左下

PIRIKA T恤 北極熊 980日圓

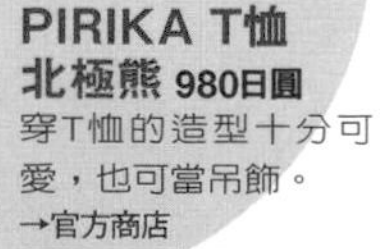

穿T恤的造型十分可愛，也可當吊飾。

→官方商店

MAP P72左下

圓山動物園
正門即到

在六花亭的咖啡廳小歇一會

在圓山公園附近的「六花亭 円山店」2樓的咖啡廳可嘗到溫蛋糕520日圓（照片）。1樓附設販售熱門商品的商店。

☎0120-12-6666 MAP附錄P7B3

可愛的蝦夷松鼠與大斑啄木鳥棲息在森林裡

春天的櫻花十分美麗

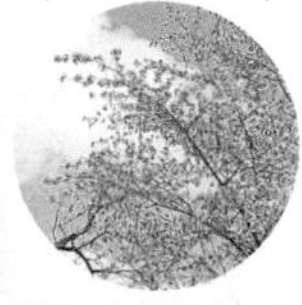

約有170株蝦夷山櫻花盛開

まるやまこうえん

圓山公園

參觀需時 30分

盡情享受四季不同的豐富自然美景

綠意盎然的公園是春天賞櫻、秋天賞紅葉的知名景點。在明治時代栽種、樹齡120年以上的日本落葉松與赤松環繞的園內有散步步道，可在此享受森林浴。圓山登山步道入口也在公園內一隅。

☎011-621-0453 住札幌市中央区宮ヶ丘 ¥◷休自由散步 交地下鐵東西線圓山公園站步行5分 P無 MAP附錄P7B3

散步穿過園內前往北海道神宮

ほっかいどうじんぐう

北海道神宮

參觀需時 15分

自然資源豐富的能量景點

北海祭祀北海道開拓守護神及明治天皇的北海道內最大規模神社。在廣達18萬m²的腹地內，還有祭祀開拓有功者的神社及梅樹林。

☎011-611-0261 住札幌市中央区宮ヶ丘474 ¥自由散步 ◷6～17時（因季節而異）休無休 交地下鐵東西線圓山公園站搭乘JR北海道巴士往円山西町神社前等6分神宮前下車即到 P收費240輛 MAP附錄P7B3

氣氛莊嚴的神殿。御守和抽籤都在神門旁的服務處。

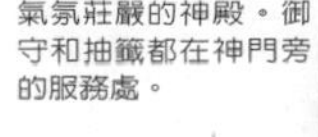

求個御守吧

左起，幸福水晶御守1000日圓，凱蒂貓御守吊飾800日圓，結緣御守800日圓

從圓山公園站搭地下鐵東西線往西18丁目站2分

回札幌市中心前記得去看看

ほっかいどうちじこうかん

北海道知事公館

參觀需時 30分

參觀過去的迎賓館與庭園

建於昭和11年（1936）的三井合名公司的宅邸。昭和28年（1953）起為知事公館。除了庭園，非辦公日建築內部也開放參觀（需洽詢）。

☎011-611-4221 住札幌市中央区北1西16 ¥免費參觀 ◷9時～17時，庭園開放為8時45分～17時30分（因季節而異，12月～4月期間休園）休週六、日，假日（庭園部分開放期間內無休）交地鐵東西線西18丁目站步行5分 P無 MAP附錄P7C2

古典的2樓接待室。室內深處有暖爐

1999年登錄為有形文化財

擁有140年歷史的北海道神宮，可在雅樂流淌中舉行神前結婚典禮。也許會遇到正在進行典禮的當地新人喔。

到了圓山一定要去看看 品味獨特的咖啡廳與雜貨店

圓山地區有不少讓人忍不住想去一探究竟的風情獨具咖啡廳。
可尋訪隱身在巷弄中的咖啡廳或當地創作者的雜貨，來趟悠閒漫步。

古民家改建
風格獨具的
咖啡廳

▲挑高的店內。可聞到從1樓飄上來的咖啡香。

もりひこ

森彥

在懷舊空間中 度過寧靜時光

札幌知名自家烘焙咖啡品牌 森彥的咖啡廳。可在將屋齡約70年的民家重新裝修，洋溢懷舊氛圍的店內，來一杯香濃的咖啡。店前也有販售咖啡豆200g 1296日圓～。

☎011-622-8880 住札幌市中央区南2西26-2-18 🕒11時～21時LO（週六、日為10時～21時LO）休不定休 P5輛 交地下鐵東西線圓山公園站步行5分 MAP 附錄P7C3

森之水滴680日圓
當季派塔420日圓

◀使用當季蔬菜及水果的派塔

▶每張桌上都擺著插上當季花卉的典雅花瓶

▲爬滿山葡萄藤的白牆建築。秋天山葡萄會結果。

こうぼう さっぽろこーひーかん
きたまるやまてん

珈房 サッポロ珈琲館 北円山店

在復古摩登的空間中 來一杯香濃的咖啡

使用公司簽約農家產的生豆炭火烘焙的自家烘焙咖啡豆十分受歡迎。店面為昭和6年（1931）建的古民家重新改裝，氣氛舒適。店家手工甜點也是賣點之一。

☎011-615-7277 住札幌市中央区北6西20-1-5 交地下鐵東西線西18丁目站步行10分 🕒9～22時 休無休 P9輛 MAP 附錄P7C2

午後特調咖啡475日圓
巧克力戚風蛋糕399日圓

▲戚風蛋糕除了巧克力口味，還有各種當季口味

▶店裡仍保留窗戶及樑柱等原本老建築的樣貌

▲舒適的和風時尚店內

さろん ど むや

Salon de Muya

欣賞高雅的小物放鬆身心並享用當季甜點

位於圓山裏參道的隱密咖啡廳。可品嘗道地抹茶以及使用講究食材製作的店家自製甜點。此外還會定期舉辦由專業講師授課的茶道與和服等「和文化教室」。

☎011-621-3939 住札幌市中央区南2西24-1-17 交地下鐵東西線圓山公園站步行5分 ◷11～18時 休週日、假日(有臨時店休) P2輛 MAP附錄P7C3

抹茶聖代套餐 1380日圓

▲抹茶聖代加飲料（抹茶、咖啡、紅茶三選一）套餐

▲位於巷子底的風情獨具古民家

▲店內放置桌子及櫃子等店主精挑細選的古董家具

まるやまさりょう

円山茶寮

在復古咖啡廳小歇一會

位在50年屋齡獨棟建築的店家，洋溢著秘密基地的感覺。可在溫暖的空間內度過悠閒時光。除了知名的紅豆湯850日圓～外還有甜點套餐680日圓～。

☎011-631-3461 住札幌市中央区北4西27 ◷11～24時 休週四 P3輛 交地下鐵東西線28丁目站步行3分 MAP附錄P7B2

草莓紅豆湯圓 900日圓

▲冰淇淋上淋上大量草莓醬

◀店貓Kokko。有時會到客席上拜訪

增添室內色彩造訪可愛雜貨店

▲每個月會舉辦1～2次當季主題展覽

ぽっつ おぶ

Pots of

為食衣住增添色彩的工藝品一字排開

展售以住在函館的陶藝家·堂前守人作品為中心的國內外鐵器與布製品。商品皆是兼具工藝品之美與日常生活實用性的小物。

☎011-533-2334 住札幌市中央区南6西23-3-12 ◷11～18時 休無休 P2輛 交地下鐵東西線圓山公園站步行10分 MAP附錄P7C3

花圖樣馬克杯 4200日圓

▲色彩繽紛的堂前先生的作品

▲氣氛歡樂的店內也販售原創商品

ふるどうぐとざっか おりがみ

古道具と雑貨 origami

可買到圓山創作者的獨一無二作品

販售用色時尚，光拿著就能讓人精神一振的小物以及有味道的古董。有各種圓山當地藝術家創作的包包、配件、布偶等。

☎011-699-5698 住札幌市中央区南2西25-1-21 ◷12～18時 休週日、一 P1輛 交地下鐵東西線円山公園站步 MAP附錄P7C3

原創印花布包 2900日圓～

▲mumuriku-suomi設計的包包

圓山地區為札幌數一數二的高級住宅區。因此有許多高級法國餐廳、老字號和菓子商店等深受圓山貴婦人喜愛的高級名店。

同時享受自然美景才是札幌式觀光 特別的藝術景點簡介

廣大腹地內有各種藝術設施的莫埃來沼公園，以及綠意盎然的札幌藝術之森。
兩處都是結合新銳藝術與大自然、札幌特有的藝術景點。

標高62m的人造山是公園的地標。可從三個地方登頂

もえれぬまこうえん

莫埃來沼公園

參觀需時 1小時

整個公園就是一個藝術作品

由世界級雕刻家野口勇監製的公園，在廣達189萬m²的廣大腹地內處處可看見藝術作品。夏天自行車租借2小時200日圓，冬季雪鞋租借最多3小時300日圓等，可多加利用。

☎011-790-1231 住 札幌市東区モエレ沼公園1-1 ¥ 免費入園 🕒7～22時（入園～21時）休 因設施而異 P 1500輛（冬季為100輛）交 地下鐵東豐線環狀通東站搭乘北海道中央巴士往あいの里教育大站方向25分，莫埃來沼公園東口下車即到 MAP 附錄P4D1

\在這裡吃午餐/

RESTAURANT L'enfant qui rêve

提供到道地法國菜。午餐2630日圓～，晚餐3680日圓～（皆需預約）。

☎011-791-3255

館內有野口勇的藝廊與周邊商店

森林內設置七處遊樂設施。春天是知名的賞櫻景點。

さっぽろげいじゅつのもり

札幌藝術之森

參觀需時 2小時

藝術與大自然的共演

以室外美術館為主。在廣達7.5萬m²的森林中展出74件國內外雕刻家的作品。此外園內還有會舉辦特展的札幌藝術之森美術館及體驗工坊，與札幌關係密切的作家・有島五郎故居等眾多景點。

☎011-592-5111 住 札幌市南区芸術の森2-75 ¥ 戶外美術館入場費700日圓 🕒9時45分～17時（6～8月為～17時30分）休 11月4日～4月28日週一（逢假日則翌日休）P 收費650輛 交 地下鐵南北線真駒內站搭乘北海道中央巴士往芸術の森センター方向15分，芸術の森入口下車即到 MAP 附錄P5C4

每年會舉辦5～7次特展。費用因展覽而異

舉行工藝展覽等的大廳，有工藝品販賣店和染織工坊等進駐。

除了照片中福田繁雄的「變成椅子休息吧」之外，這裡共展示著64個設計師的雕刻作品

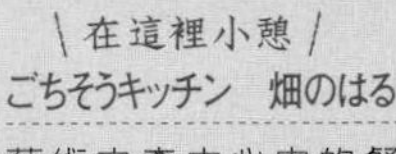

\在這裡小憩/

ごちそうキッチン　畑のはる

藝術之森中心內的餐廳。一年四季都可享用北海道產的當季蔬菜。

☎011-215-1778

還有更多！札幌近郊景點

おおくらやまてんぼうだい
大倉山瞭望台
參觀需時 30分

從跳台頂端眺望市區

海拔307m的瞭望台，可將札幌街景盡收眼底。並附設可模擬體驗冬季運動的設施。

☎011-641-8585 住札幌市中央区宮の森1274 ¥登山纜車來回500日圓 ⏰8時30分～18時（11～4月為9～17時）休大會期間，官方練習日，登山纜車維修期間（預定為4月），需洽詢 P113輛 交地下鐵東西線圓山公園站搭乘JR北海道巴士往宮の森シャンツェ方向7分，大倉山競技場入口下車，步行10分 MAP附錄P7A3

滑雪跳台

昭和4年（1972）首次在亞洲舉辦的札幌冬季奧運舞台

のっぽろしんりんこうえん
野幌森林公園
參觀需時 2小時

野生動物棲息的森林

橫跨札幌市、江別市、北廣島市的自然公園。可沿步道散步，觀察當季野鳥與花草。相關資訊可至自然ふれあい交流館（※011-386-5832）索取。

☎011-898-0456（北海道博物館總務課）住札幌市厚別区厚別町小野幌 ¥⏰休散策自由 P359輛 交地下鐵東西線新札幌站搭乘JR北海道巴士往開拓の村方向13分，野幌森林公園下車即到 MAP附錄P4F3

健走

時間較短的路程為從海拔100m的百年紀念塔至瑞穗池的來回3.8m路線

ほっかいどうかいたくのむら
北海道開拓村

參觀需時 1小時

保留北海道開拓時期的風光

移建並修復明治至昭和初期共52棟建築的室外博物館。分為市區群及漁村群等4個區域，洋溢百年前的風情。

☎011-898-2692 住札幌市厚別区厚別町小野幌50-1 ¥入村800日圓（2016年4月～）⏰9時～16時30分 休週一（逢假日則為翌日休，5～9月無休）P400輛 交地下鐵東西線新札幌站搭乘JR北海道巴士往開拓の村方向15分，終點站下車即到 MAP附錄P4E3

搭乘軌道馬車漫步

可搭搭由北海道當地人拉的軌道馬車1次250日圓。繞行復古街道一圈僅需5分

參觀＋體驗需時 2小時

さっぽろさとらんど
サッポロさとらんど

享受豐富的體驗行程

可享受豐富體驗活動的農業主題公園。除了農作採收體驗外，也可試試需時30分～的奶油或豆腐加工體驗350日圓～。

☎011-787-0223 住札幌市東区丘珠町584-2 ¥因設施而異 ⏰9～18時（冬季為～17時）休月週一（逢假日為翌日休，夏季無休）P1800輛 交地下鐵東豐線新道東站搭乘北海道中央巴士往中沼小学校方向15分，丘珠高校前下車，步行10分 MAP附錄P4D1

搭乘SL巴士前往薰衣草之丘

體驗SL巴士一圈30分的旅程。7月上旬可看到美麗的薰衣草。搭乘一次300日圓

體驗需時 1小時30分

ほくれん しょくとのうのふれあいふぁーむ くるるのもり
ホクレン 食と農のふれあいファーム くるるの杜

在週末和假日採收農作物

可參加學習農作物知識並採收農作的體驗活動（需預約）。販售處擺滿了安全又安心的農作和畜產。

☎011-377-8700 住北広島市大曲377-1 ⏰直營商店10～17時，餐廳11時～15時30分，17時30分～21時（僅週六、日，假日營業）休不定休（因季節有所調整）P312台 交地下鐵東西線新札幌站開車20分 MAP附錄P4E4

體驗農作課程

採收當季農作物。活動內容與日期請上網確認。需至少2天前預約

體驗需時 40分～

わいるど むすたんぐす

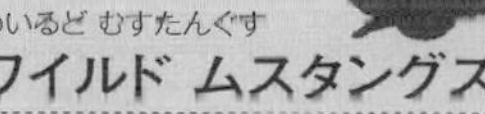

ワイルド ムスタングス

跨上馬背體驗當一日牛仔

在擁有豐富自然資源的八劍山山麓，體驗充滿野性的西部牛仔馬術。除了有行經附近果園與山路的騎馬體驗（需預約），還有不需預約，可輕鬆參加的牽馬體驗800日圓～（唯冬季需預約）。

☎011-596-5040 住札幌市南区砥山114 ⏰10時～日落（夏季為～17時報名截止）休不定休 P30輛 交地下鐵南北線真駒內站開車約20分

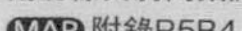

MAP附錄P5B4

騎馬40分5000日圓～

附基礎課程即使第一次騎也不用擔心。參加時記得穿容易活動的服裝與鞋子

也可前往札幌隔壁鎮．北廣島的三井Outlet Park 札幌北廣島（MAP附錄P4E4）。有新千歲機場發車的直達巴士。

方便觀光的 札幌飯店

札幌市中心的飯店無論在價位和類型上都有眾多選擇。可依預算及目標決定。

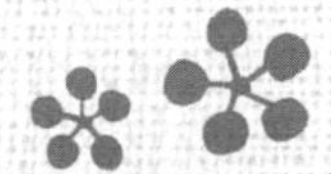

札幌車站周邊

じぇいあーるたわーほてるにっこーさっぽろ

JR Tower Hotel Nikko Sapporo

從高樓將市中心美景盡收眼底

客房位於23～34樓，窗外就是市中心的景色。22樓有附天然溫泉浴池、美體服務等設備齊全的SPA。限18歲以上使用，泡澡費2800日圓（住宿房客1600日圓）。DATA ☎011-251-2222 住札幌市中央区北5西2-5 交JR札幌駅直結 P與JR札幌站相連 P使用JR塔停車場（1晚1200日圓） MAP附錄P8E2 ¥單人房24000日圓～，雙床房38000日圓～ ⏲IN14時 OUT11時 ●全350室（單人房48，雙床房212，雙人房66，三人房22、大套房2） ●2003年5月開業

札幌車站周邊

せんちゅりーろいやるほてる

札幌世紀皇家飯店

從地下街直達車站十分方便

札幌車站西側的23層樓大廈飯店。頂樓有可欣賞美景的旋轉餐廳。120道以上菜餚的西式自助餐很受歡迎。另外，提供日式定食和海鮮丼等的早餐也很受好評。DATA ☎011-221-2121 住札幌市中央区北5西5 交JR札幌站步行2分 P30輛（1晚1300日圓） MAP附錄P9C2 ¥單人房11880日圓～，雙床房22572日圓～ ⏲IN14時 OUT11時 ●全300間（單人房43，雙床房227，雙人房30） ●2013年12月一部分重新裝修

札幌車站周邊

べすとうぇすたん ほてるふぃーのさっぽろ

BEST WESTERN Hotel Fino Sapporo

在客房內享受北國的四季

以北海道的大自然與雪為主題，分為FOREST BROWN與NORTH WHITE兩種客房。大廳洋溢著飯店獨創的香氛氣味。浴室還有可療癒身心的按摩蓮蓬頭。DATA ☎011-729-4055 住札幌市北区北8西4-15 交JR札幌站步行2分 P40輛（1晚1000日圓） MAP附錄P8D1 ¥單人房7350日圓～，雙床房13650日圓～ ⏲IN15時 OUT10時 ●全242室（單人房92，雙床房120，雙人房30） ●2007年12月開業

札幌車站周邊

ほてるもんとれえーでるほふさっぽろ

札幌蒙特利埃德爾霍夫酒店

絕佳的景色與天然溫泉為賣點

客房皆位於離地60m以上的樓層，窗外的景色絕佳。14樓除了有住宿客可用1540日圓利用的天然溫泉SPA，還有美體療程和腳底按摩等舒壓療程。DATA ☎011-242-7111 住札幌市中央区北2西1-1 交JR札幌站步行7分 P50輛（1晚1500日圓） MAP附錄P8E3 ¥1晚附早餐9000日圓～ ⏲IN14時 OUT11時 ●全181室（單人房51，雙床房129，大套房1）（全客房禁菸） ●2000年12月開業

札幌車站周邊

くろすほてるさっぽろ

CROSS HOTEL SAPPORO

在高雅的空間度過時尚的一晚

客房分為色調沉穩的都會和自然、時尚的流行等三種。較晚Check-out及附舒壓按摩等種類豐富的住宿方案也是賣點之一。DATA ☎011-272-0010 住札幌市中央区北2西2-23 交JR札幌站步行5分 P38輛（1晚1300日圓） MAP附錄P8D3 ¥單人房18360日圓～，雙床房32400日圓～ ⏲IN15時 OUT11時 ●全181室（單人房31，雙床房116，雙人房34） ●2007年7月開業

大通公園

ほてるりそるとりにてぃさっぽろ

HOTEL RESOL TRINITY SAPPORO

可感受大通四季風情的市中心飯店

客房為天然木頭色調、北歐設計風格的舒適空間。1樓有義大利餐廳，頂樓有大浴池。此外女性樓層限定設備等女性服務也廣受好評。DATA ☎011-241-9269 住札幌市中央区大通西5-3 交地下鐵大通站即到 P34輛（1晚1500日圓） MAP附錄P9C4 ¥單人房13000日圓～，雙床房26000日圓～ ⏲IN14時 OUT11時 ●全304室（單人房190，雙床房90，雙人房22，和洋室2） ●2008年4月開業

大通公園

さっぽろくらっせほてる

Sapporo Classe Hotel

到大通&薄野的交通十分便利

附有頂蓬床具的豪華雙人房、寬敞的雙床房、簡約的單人房等，共有8種房型，可依個人旅遊需求選擇。飯店附近有許多有個性的餐飲店及商店。DATA ☎011-281-3800 住札幌市中央区南1西7-1-2 交地下鐵大通站步行5分 P30輛（1晚1200日圓） MAP附錄P11C1 ¥單人房7560日圓～，雙床房12960日圓～ ⏲IN15時 OUT11時 ●全79室（單人房18，雙床房50，雙人房11） ●2001年4月重新裝修

有禁菸房 有大浴場 有美體服務 有網路 可一人入住

大通公園

とうきょうどーむほてる さっぽろ

東京圓頂飯店札幌

感受近在身旁的大通公園林木

與大通公園相鄰的度假型城市商旅。位於大廳的挑高50m中庭，讓人感受到旅途的廣闊視野。靠大通一側的客房可將公園盡收眼底。DATA☎011-261-0330 住札幌市中央区大通西8 交地下鐵大通站步行5分 P62輛(1晚1000日圓) MAP附錄P9B4 ¥單人房16632日圓～，雙床房30888日圓～ ⏲IN14時 OUT11時 ●全285室(單人房72，雙床房191，雙人房10，大套房2，和室2，和洋室4，其他4) ●2013年4月部分重新裝修

西11丁目

ろいとんさっぽろ

ROY TON SAPPORO

充實的旅館設施與親切的待客之道

提供包含日本料理、中國菜餐廳共4間餐廳＆酒吧、運動設施（住宿房客3240日圓）等充實設備。客房有雙人房、雙床房、大套房3種，也可單人入住。DATA☎011-271-2711 住札幌市中央区北1西11 交地下鐵東西線西11丁目站步行3分 P223輛(1晚1000日圓) MAP附錄P9A3 ¥單人房23000日圓～，雙床房32000日圓～ ⏲IN14時 OUT11時 ●全292室(雙床房258，雙人房24，大套房10) ●1992年7月開業

西11丁目

さっぽろぷりんすほてる

札幌王子大飯店

高107m的圓柱形高塔飯店

飯店共有28樓，從高樓層的客房可欣賞札幌市街及大倉山等風景。住宿客人專用的露天溫泉入浴500日圓相當舒適，不論在男客或女客之間都很受好評。DATA☎011-241-1111 住札幌市中央区南2西11 交地下鐵東西線西11丁目站步行3分 P248輛(1晚1500日圓) MAP附錄P11A2 ¥雙床房24948日圓～ ⏲IN14時 OUT11時 ●全587室(雙床房479，雙人房96，大套房6，皇家大套房6) ●2004年4月新落成

薄野

うぉーたーまーくほてるさっぽろ

Watermark Hotel Sapporo

在寬敞的大床＆浴室好好放鬆

浴室為乾濕分離，並分為浴缸與淋浴間，十分寬敞。所有客房皆使用席夢思寢具，可度過舒適一晚。DATA☎011-233-3151 住札幌市中央区南3西5-16 交地下鐵南北線薄野站步行4分 P使用簽約停車場(1晚1200日圓) MAP附錄P11C2 ¥單人房(純住宿)15000日圓～，雙床房(純住宿)24000日圓～ ⏲IN14時 OUT11時 ●全153室(單人房72，雙床房68，雙人房12，其他1) ●2008年12月開業

薄野

めるきゅーるほてるさっぽろ

札幌美居酒店

窗外就是五光十色的霓虹

由法國女設計師設計，館內十分時尚。隔音設備很好，即使地處鬧區也能度過安靜夜晚。DATA☎011-513-1100 住札幌市中央区南4西2-2-4 交地下鐵南北線薄野站步行3分 P使用簽約停車場(1晚1200日圓) MAP附錄P10E2 ¥標準附早餐(雙人房，雙床房)1人9900日圓～，2人12500日圓～ ⏲IN14時 OUT11時 ●全285室(雙床房161，雙人房123，大套房1) ●2009年6月開業

中島公園

あーとほてるずさっぽろ

Art Hotels Sapporo

享受天然溫泉SPA舒緩身心

附設天然溫泉SPA，女性浴池還有露天溫泉。備有地產地銷的有機餐廳以及菜色多樣的日式餐廳，供應營養均衡的早餐。DATA☎011-512-3456(代) 住札幌市中央区南9西2-2-10 交地下鐵南北線中島公園站步行2分 P98輛(1晚1000日圓～) MAP附錄P10E4 ¥單人房30000日圓～，雙床房60000日圓～ ⏲IN14時 OUT11時 ●全418室室(單人房110，雙床房293，雙人房10，其他5) ●1998年4月開業

中島公園

さっぽろぱーくほてる

札幌公園飯店

眺望綠蔭環繞的公園

離車站很近位，位置絕佳，面向隔壁中島公園的房間，可從東側窗戶欣賞充滿自然氣息的園內風光。使用北海道產有機食材約60道的西式自助式早餐廣受好評。DATA☎011-511-3135 住札幌市中央区南10西3 交地下鐵南北線中島公園站即到 P220台輛(1晚1030日圓) MAP附錄P6E3 ¥單人房(附早餐)19008日圓～ ⏲IN14時 OUT11時 ●全216室(單人房63，雙床房136，雙人房16，大套房1) ●2013年3月部分重新裝修

中島公園

さっぽろえくせるほてるとうきゅう

東急札幌卓越大飯店

在寬敞的空間裡度過舒適時光

客房寬廣、裝潢色調沈穩，讓人感到相當放鬆。19～20樓為設備完善的premium樓層，讓住宿享受更上一層樓。DATA☎011-533-0109 住札幌市中央区南8西5-420 交地下鐵南北線中島公園站步行3分 P72輛(1晚1300日圓) MAP附錄P11C4 ¥單人房17400日圓～，雙床房22100日圓～ ⏲IN14時 OUT11時 ●全388室(單人房120，雙床房254，雙人房12，大套房2) ●2009年4月重新裝修

從札幌市中心前往深山溫泉 在定山溪溫泉徹底放鬆

札幌的裏廳・定山溪溫泉，可欣賞沿著豐平川兩岸震撼力十足的美麗溪谷。
自然美景自然不在話下，在風情獨具的溫泉街散步也是樂趣所在。

首先就去溪谷與溫泉街自在漫步

※可將定山溪溫泉人氣景點・河童淵美景盡收眼底

二見吊橋

ふたみつりばし

架在豐平川上游的紅色吊橋。從橋上可欣賞四季風情各不相同的溪谷。

☎011-598-2012（定山溪觀光協會）¥🕒休自由參觀（12月下旬～4月上旬積雪時禁止通行）交定山溪溫湯の町巴士站步行5分 P利用公共停車場 MAP P80A2

步行5分

🚌 **巴士**：在札幌車站前巴士總站搭乘「上鐵巴士」往定山溪方向，到定山溪神社前1小時16分，定山溪湯の町1小時17分，第一ホテル前一小時18分，定山溪大橋1小時19分，定山溪溫泉東2丁目1小時20分，定山溪1小時25分。

🚗 **開車**：從札幌市區走國道230號約28km

洽詢 ☎011-598-2012（定山溪觀光協會）

廣域MAP 附錄P5A4

大黑屋商店

大口吃剛蒸好的饅頭

昭和6年（1931）創業的老字號。名產溫泉饅頭在鬆軟的麵皮内包入紅豆餡，1個65日圓。照片為9個裝648日圓。

☎011-598-2043 🕒8～18時（售完為止）休週三 交定山溪湯の町巴士站步行2分 P 20輛 MAP P80A2

步行5分

定山源泉公園

為紀念定山溪溫泉始祖・美泉定山誕生200週年建造。使用溫泉的足湯十分受歡迎。

☎011-598-2012（定山溪觀光協會）¥免費入園 🕒7～20時 休無休 交定山溪湯の町巴士站步行2分 P使用公共停車場 MAP P80A2

泡足湯放鬆一下

步行30分

カフェ 崖の上

將溪谷美景盡收眼底

位於高40m懸崖上的景觀咖啡廳，可品嘗蛋糕套餐860日圓。

☎011-598-2077 中學生以下禁止進入 🕒10時30分～18時（因季節、天候會有所調整）休週一（遇假日則翌日，因季節天候更動）交定山溪大橋巴士站步行15分 P10輛 MAP P80A1

 嫁接溫泉泉源　房内供餐　有美容服務　有禁菸房　有大浴場　一人入住OK

住宿就選讓女性心動的飯店吧

享受野生岩魚天婦羅竹篩蕎麥麵

昭和2年（1927）創業的「生そば紅葉亭」的名產為附店主釣的河魚天婦羅的天婦羅竹篩蕎麥麵1000日圓。為6月～10月底限定的美味。

☎011-598-2421 MAP P80B1

じょうざんけいつるが りぞーとすぱ もりのうた

定山溪鶴雅休閒渡假溫泉森之謌

從露天溫泉到客房、大廳都可感受到森林氣息的建築構造。使用北海道產天然原料的療程SPA也很受好評。

☎011-598-2671 住札幌市南区定山溪溫泉東3-192 交定山溪溫泉東2丁目巴士站步行3分 P有接駁服務（需預約） P60輛 MAP P80B2 全54室（洋室23，和洋室27，小木屋4） ●2010年8月開業 ●泉質：碳酸氫鈉泉 ●內湯2 露天2

在四季不同風情的森林環繞下享受豐富的設備度過放鬆一晚

在露天浴池可感受近在身旁的定山溪山林

CHECK
✣1泊2食費用✣
平日17280日圓～
假日前日19440日圓～
✣時間✣
IN15時、OUT10時
（因方案而異）

豐盛的BUFFET

使用當季北海道食材，約70道佳餚的晚餐BUFFET廣受好評

ぬくもりのやど ふるかわ

ぬくもりの宿 ふる川

館內洋溢樸實無華的溫馨氣氛。還提供需預約的地爐旁晚餐。美景浴池及包租溫泉等豐富的浴池設施也是魅力所在。

☎011-598-2345 住札幌市南区定山溪溫泉西4-353 交定山溪湯の町巴士站即到 P有接駁服務（需預約） P100輛 MAP P80A2 ●全52室（和室41，和洋室9，特別室2） ●2012年3月重新裝修 ●泉質：碳酸氫鈉泉 ●內湯1 露天3 包租2

日式氛圍令人心情放鬆充滿溫情的民俗風飯店

使用約100年前的軟石與古木打造的ゆ瞑み露天浴池

CHECK
✣1泊2食費用✣
平日19800日圓～
假日前日21900日圓～
✣時間✣
IN15時、OUT10時30分

民俗風內部裝潢

設置地爐及土間的民俗風裝潢，十分有情調

很受常客歡迎

すぱあんどえすてていっく すいちょうかん

Spa&Esthetique 翠蝶館

提供芳療美體及岩盤浴等女性喜愛的設備。

☎011-595-3330 住札幌市南区定山溪溫泉西3-57 交一ホテル前巴士站步行3分 P有接駁服務（需預約） P20輛 MAP P80A1 ●全20室（和室2，洋室18） ●2011年7月一部分重新裝修 ●泉質：碳酸氫鈉泉 ●內湯3 露天2 包租2 ※也可使用第一寶亭留 翠山亭的浴池

提供多樣美容服務與美食可徹底舒緩身心

客房共有亞洲風情雙床房及和室等4種選擇

CHECK
✣1泊2食費用✣
平日16200日圓～
假日前日17820日圓～
✣時間✣
IN15時、OUT11時

多樣美容方案

全身療程40分 7020日圓～（需預約）等20種以上方案。

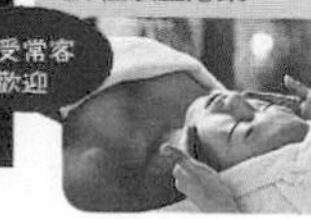

定山溪自古以來有河童傳說，在溫泉街處處都有不同的河童雕像。散步時不妨找找。

在運河沿岸發現的石造建築

在北一硝子尋找給自己的特別禮物

氣氛悠閒的手宮線遺跡

欣賞運河小歇一會

享受港都．小樽的壽司

點上油燈氣氛十足的咖啡廳

散步累了就來份甜點！

可享受尋找伴手禮樂趣的堺町通

前往可享受懷舊時光的港都・小樽
造訪懷舊建築、令人心動的咖啡廳

小樽過去曾為商業城市盛極一時，
保存至今的石造倉庫及銀行建築充滿昔日風情。
來趟街道漫步，累了就到復古咖啡廳休息。
尋找玻璃工藝品及享用海鮮美食也是樂趣之一。

點上瓦斯燈的運河之夜十分美麗

復古可愛的小店購物

小樽是 什麼樣的地方

小樽最大魅力為充滿復古風情的街道。
也不能錯過港都才有的海鮮美食。

 觀光景點集中在4個地區

四個地區分別為風情萬種的小樽運河及北運河、購物大街堺町通、銀行建築並排林立的北國華爾街。區域範圍不大，只要步行就可逛遍四個地區。可從札幌當天來回，也可住一晚，在夜晚的運河邊散步及享受西式晚餐。也別錯過獲得米其林指南好評的小樽天狗山纜車夜景。

 觀光前先搜集相關資訊

記得在出發前確認當季活動資訊，有在街道上點起雪蠟燭的小樽雪燈路、夏季小樽潮祭等。市區除了下列地點，在運河廣場（☞P86）及小樽運河淺草橋也有旅遊服務中心。

洽詢 小樽市觀光振興室☎0134-32-4111

洽詢 小樽觀光協會☎0134-33-2510

 抵達車站記得CHECK

小樽觀光協會
小樽車站旅遊服務中心

有常駐的協會工作人員，可以提供各種觀光情報、或如何搭乘開往郊外巴士的方法等。

☎0134-29-1333 ⏰9～18時 休無休 MAP附錄P13B4

CHECK交通

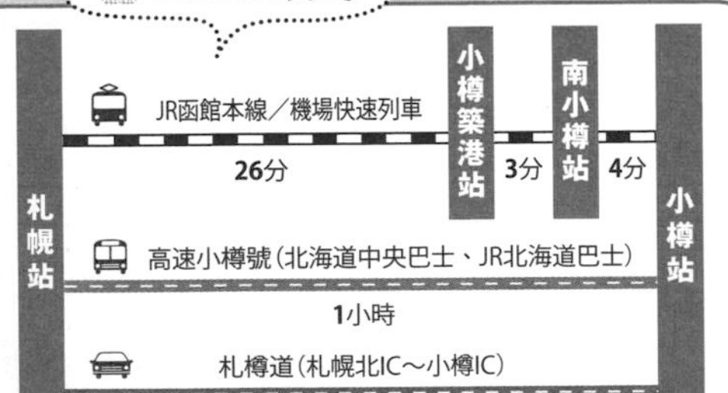

おたるうんが
小樽運河 1

…P86

大正12年（1923）完工的石造倉庫沿著運河兩岸排列，呈現一面復古景象。以運河為背景拍張紀念照吧。

▲運河沿岸有鋪設完備的石板道

きたのうぉーるがい
北國華爾街 3

…P95

莊嚴的銀行建築並排林立，訴說小樽過去曾為北國商城的歷史。也記得去看看歷史建築改建的餐廳及資料館。

▲北國華爾街的中心．日銀通

きたうんが
北運河 4

…P92

有繫小船的運河及古老倉庫等較安靜的區域。在安靜的街道上，有氣氛十足的咖啡廳及讓人想進去瞧瞧的雜貨店。

▼洋溢舒適寧靜氛圍的北運河

1

さかいまちどおり
2 堺町通

…P88

小樽玻璃工藝老字號、種類豐富的音樂盒專賣店、全國知名的西式甜點店等並排林立。在這買些觸動少女心的小樽伴手禮吧。

2

3

1處處都是樂在購物的觀光客 2兼具設計性與實用性的小樽玻璃商品 3可愛的音樂盒是經典小樽伴手禮

在約200m的街道兩旁及附近，有約20間的壽司店。可在此享用結合師傅功力與新鮮海鮮的幸福握壽司。

職人製作當季食材握壽司

靈活運用

超值的1日乘車券

繞行堺町通等小樽知名觀光景點的小樽悠遊巴士（おたる散策バス），以及能抵達位於小樽郊外的小樽水族館、天狗山空中纜車等景點的市內線巴士，都能使用可無限次搭乘巴士1天的「おたる市 線バス 1日乗車券」。只要利用這張票券，就能又省錢又有效率的享受小樽觀光！大人750日圓。可在中央巴士小樽站前總站、運河廣場、小樽運河總站及巴士上購得。

洽詢 中央巴士小樽總站 ☎0134-25-3333

乘車券上的日期為可刮除的銀漆

▶十分符合小樽街道風情的可愛小樽悠遊巴士

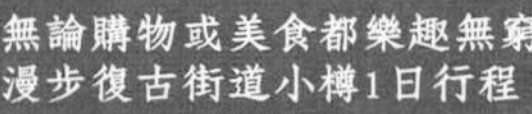

出車站後，立刻前往必訪觀光景點 小樽運河。之後前往北國華爾街散步，再到堺町通一享購物之樂。午餐就選使用小樽優質海鮮的海鮮丼。飯後參觀北運河附近，並在復古咖啡廳小歇。

START

10:00 小樽站 …P86

步行10分

小樽運河

10:10 小樽運河 …P86

步行2分

10:30 小樽運河總站 …P87

步行2分

北國華爾街

10:45 日本銀行舊小樽分行金融資料館 …P87

步行12分

堺町通

11:30 北一硝子三號館 …P90

步行2分

11:46 小樽洋菓子舖 LeTAO本店 …P89

步行即到

12:00 小樽オルゴール堂本館 …P91

步行17分

12:40 魚屋直営食堂 うろこ亭 …P97

步行3分

北運河

14:00 北運河 …P92

步行2分

14:20 舊日本郵船株式會社小樽分社 …P92

步行即到

14:45 喫茶 北運河 …P92

步行20分

GOAL

16:00 小樽站 …P86

首先到觀光名勝 小樽運河＆北國華爾街

散步時需 1小時30分

一出小樽車站，立刻就可感受到濃濃的歷史復古風情。
首先就從觀光勝地小樽運河＆訴說往日榮光的北國華爾街展開旅程吧。

① おたるえき 小樽站

名列國家有形文化財的車站

明治36年（1903）開業，現有車站建築為昭和9年（1934）建造，是北海道內最古老的鋼筋水泥車站建築。車站內也有麵包店、咖啡廳，以及伴手禮店等。

☎0134-22-0771 住小樽市稲穂2-22-15 交JR小樽站內 P無 MAP附錄P13B4

▲連月台也散發著復古氛圍 ◀牆上一整排象徵小樽的玻璃燈

② うんがぷらざ（おたるしかんこうぶっさんぷらざ） 運河廣場(小樽市觀光名產廣場)

旅遊資訊與名產應有盡有的服務處

旅遊服務處面向小樽運河，介紹市區及近郊觀光景點的小冊子一字排開。附設咖啡廳，可點杯咖啡400日圓在此小歇。也有販售玻璃工藝品等特產及甜點伴手禮的商店。

☎0134-33-1661 住小樽市色内2-1-20 🕒9～18時（因季節有所調整） 休無休 交JR小樽站步行10分 P無 MAP附錄P13B2

▲屋頂上的鯱有防火的作用 ▶商店裡販售多種水產加工商品

③ おたるうんが 小樽運河

以運河及倉庫為背景拍攝紀念照

大正12年（1923）完工，昭和61年（1986）整修完成，是全長1140m的運河。沿著水路兩旁古老的石造倉庫並排林立，營造出懷舊風光。可在鋪石板的步道上悠閒漫步，充分感受美好氣氛。

☎0134-32-4111（小樽市觀光振興市） 住小樽市港町 ¥🕒休自由參觀 交JR小樽站步行10分 P無 MAP附錄P13C2

◀昭和61年（1986）完工的散步步道到了夜晚就會點上瓦斯燈

\ 站前的海鮮市場 /

「三角市場」緊鄰小樽站。除了海產伴手禮商店外還有食堂。☎0134-23-2446（綱岸水産）、MAP附錄P13A4

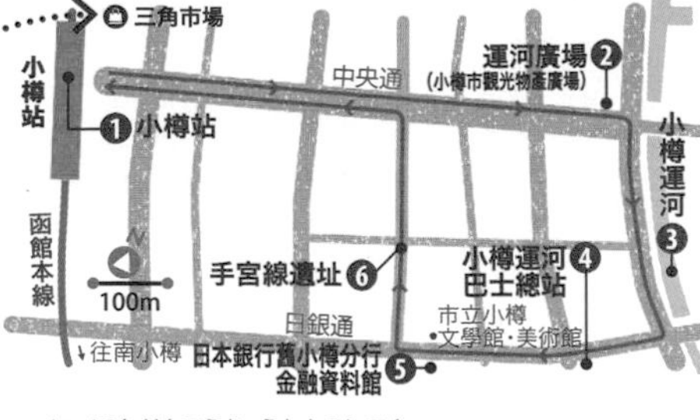

にっぽんぎんこうきゅうおたるしてん きんゆうしりょうかん

日本銀行舊小樽分行金融資料館 5

北國華爾街的代表性知名建築

明治45年（1912）完工。現為資料館對外開放，深入淺出地介紹日本銀行的歷史與業務、金融機構的組織等。還有展出所有戰後發行紙幣的「紙幣展示室」，以及可體驗防範偽鈔技術的體驗區，十分有趣。不論大人小孩都可玩得開心。

☎0134-21-1111 住小樽市色内1-11-16 ⏰9時30分～17時（12～3月為10時～）休週三（逢假日與補休為翌日的平日）交JR小樽站步行10分 P無 MAP附錄P13C3

▲砌石的外觀，更添北國華爾街的莊嚴氣氛

▶也有可體驗一億日圓（模擬）重量的互動展示

おたるうんがたーみなる

小樽運河巴士總站 4

華麗的館內各種小樽名產大集合！

大正11年（1922）建造，過去為三菱銀行小樽分行。在圓柱聳立的白牆館內，有西式甜點店あまとう、以及著名的吊鐘燒專賣店・桑田屋等的小樽名店進駐。

☎0134-22-7774（北海道中央巴士色内營業所）住小樽市色内1-1-12 ⏰9～19時 休無休 交JR小樽站步行10分 P無 MAP附錄P13C2

▲館內的桑田屋本店，也販售小樽名產吊鐘燒1個85日圓～

▲高格調的西式建築也是巴士總站

てみやせんあとち

6 手宮線遺址

北海道最早的鐵道遺址

為官營幌内鐵路一部分，舊國鐵手宮線於明治13年（1880）通車，昭和60年（1985）廢線。現重新整修為全長1313m的散步步道，在市立小樽文學館、美術館附近有長椅可供休息。

☎0134-32-4111（小樽市觀光振興室）住小樽市色内 ⏰自由散步 交JR小樽站步行7分 P無 MAP附錄P13B3

▲悠閒地在廢棄的鐵道上走走

在小巧的城鎮・小樽可騎自行車四處觀光。可在站前的ちゃりんこ・おたる（☎0134-32-6861 MAP附錄P13B3）租借。

在堺町通到處 走走看看樂趣無窮

堺町通有許多販售女孩子喜歡商品的伴手禮店。
許多店家改建自歷史建築，即使只看不買也樂趣無窮。

Start!

たいしょうがらすかん
大正硝子館

可愛的玻璃小物應有盡有

改建自明治39年（1906）落成商家的玻璃藝品店。除了工房製作的原創商品，也不要錯過夏天風鈴和冬天雪人造型的季節限定商品。

☎0134-32-5101 住小樽市色内1-1-5 ⏰9～19時（夏季有延長） 休無休 交JR小樽站步行12分 P4輛 MAP附錄P13C2

◀水氣球1080日圓為圓點圖樣的壁掛式單朵花瓶。花648日圓另售

▲也有多款餐具、玻璃杯、筷架等日常用品

▲2樓一隅為聖誕商品陳列區

◀只要點上蠟燭就會看見運河的小樽運河燭台1188日圓

おたるきゃんどるこうぼう
小樽蠟燭工房

可買手工蠟燭當做伴手禮

販售約1000種豐富設計與香氛的蠟燭。除了原創商品，還有每季推出的季節新品。也很推薦需時約30分的蠟燭製作體驗1800日圓～。

☎0134-24-5880 住小樽市堺町1-27 ⏰10～19時（因季節有所調整） 休無休 交JR小樽站步行13分 P無 MAP附錄P12D2

▲醬油瓶（圓）1200日圓。除了照的蝦夷山櫻外，還有薰衣草、玫瑰、雪花，共4種圖樣

3

ちょうみりょういれせんもんてん さしすせそ
調味料瓶專賣店 さしすせそ

用喜歡的小物妝點餐桌

販售北一原創的玻璃製調味料瓶。設計從透明水晶製品到有花紋的品項，選擇相當多樣。醬油瓶800日圓～價格合理十分吸引人。

☎0134-33-1993 住小樽市堺町7-26 ⏰8時45分～18時 休無休 交JR南小樽站步行10分 P使用簽約停車場（消費滿2000日圓以上2小時免費） MAP附錄P12F1

▲販售如不會滲漏的醬油瓶等多種高品質商品

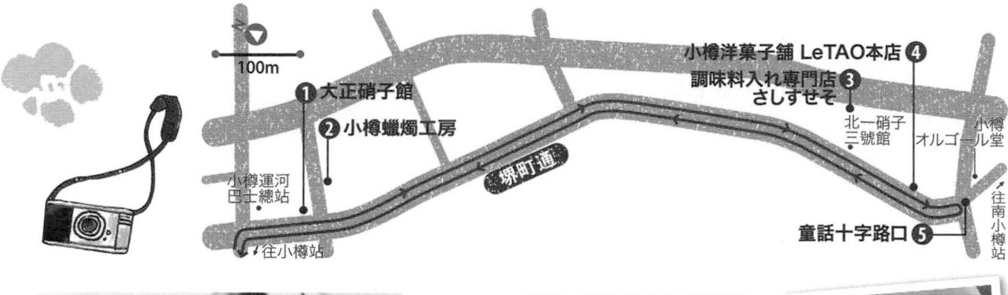

▲可選一個蛋糕及紅茶或咖啡的蛋糕套餐864日圓（照片為參考圖）

4 小樽洋菓子舗 LeTAO本店

おたるようがしほ るたおほんてん

全國知名的熱門小樽甜點

招牌商品起司蛋糕「Double Fromage」等蛋糕及原創甜點應有盡有。2樓附設可享用LeTAO甜點的咖啡廳。

☎0134-40-5480 住小樽市堺町7-16 ⏰9～18時（因季節有所調整，咖啡廳打烊前30分LO）休無休 交JR南小樽站步行7分 P使用簽約停車場（消費滿2000日圓以上1小時免費）MAP附錄P12F1

▲窗外就是童話十字路口

▲仿製明治初期燈台模樣的長明燈

5 童話十字路口

めるへんこうさてん

堺町通的代表性拍攝景點

位於堺町通南側五叉路的十字路口。周圍有小樽洋菓子LeTAO本店以及小樽オルゴール堂等西式建築，是熱門紀念照拍攝景點。

☎0134-32-4111（小樽市觀光振興室）住小樽市堺町 Y⏰休自由參觀 交JR南小樽站步行7分 P無 MAP附錄P12F1

買LeTAO的甜點當做伴手禮！

這裡有賣 ⒶⒷⒸⒹⒺ

雙層起司蛋糕
1個1728日圓
結合烤起司及馬斯卡彭起司的雙層LeTAO名產。

這裡有賣 ⒶⒷⒸⒺ

Royale Montagne
9個裝648日圓~
原創品牌可可粉與大吉嶺紅茶的香氣是絕配。

這裡有賣 ⒶⒷⒸⒹ

小樽色内通Fromage
9片入756日圓
原創起司口味的圓形夾心餅乾。

這裡有賣 Ⓔ

Mojonnier
1個270日圓 324日圓
從15種巧克力中挑選自己喜歡的再請店員裝盒（盒子費用216日圓）。

這裡有賣 ⒶⒷⒸⒺ

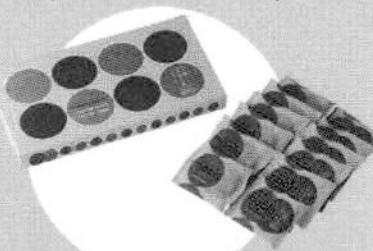

LeTAO Premier maalu組合
12個裝1944日圓
入口即化的圓形巧克力脆片。

ⒶLe TAO本店 參照上文 ⒷLe TAO PATHOS ☎0134-31-4500 MAP附錄P12E1 ⒸLeTAO PULS ☎0134-31-6800 MAP附錄P12E1 ⒹLe TAO 起司蛋糕工房 ☎0134-31-5580 MAP附錄P12F1 ⒺLe TAO Le chocoLat ☎0134-31-4511 MAP附錄P12E1

小樽洋菓子 LeTAO本店的三樓有瞭望室，可將以堺町為中心的小樽街道及清爽的港都風景盡收眼底

買給自己的伴手禮 就選北一硝子與音樂盒

在回味旅行時，不妨以音樂盒溫暖的音色當作背景音樂。
可愛的玻璃工藝品，也可成為妝點日常生活中的愛用小物。

賞月兔子一口啤酒杯 1個4200日圓
手感絕佳的一口啤酒杯。名為月亮的可愛兔子圖案款為熱銷商品。

讓乾杯時樂趣加倍的玻璃杯

可同時滿足視覺與嗅覺的香組

雕刻玻璃香座組
1個4950日圓～
切割圖樣美麗的器皿與香座有多種顏色與設計款式。香一盒864日圓另售。

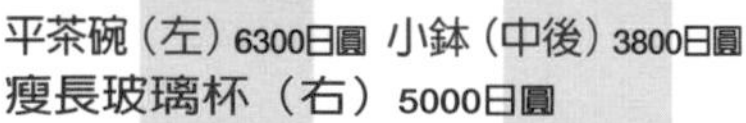

也很適合當作禮物的和風餐具

平茶碗（左） 6300日圓 **小鉢（中後）** 3800日圓
瘦長玻璃杯（右） 5000日圓
想讓人一次買一整套的涼爽配色。高雅精緻的質感也可適合當作送人的特別禮物。

照亮腳邊的迷你瓦斯燈

插座夜燈 1個3990日圓
插上插座就可照亮腳邊的小夜燈。以瓦斯燈為模型，充滿小樽氛圍的設計相當受歡迎。

搖曳的燭光伴你度過寧靜片刻

玻璃燭台 1500日圓
只要點上蠟燭，燭光便會投射出玻璃表面的圓點圖案，充滿夢幻氛圍的光影。蠟燭另售4個324日圓。

堺町通
きたいちがらすさんごうかん
北一硝子三號館

石造倉庫内陳列著小樽玻璃工藝品

明治34年（1901）創業的小樽玻璃工藝老字號。共有多達數萬件的原創玻璃工藝品，館內依商品風格分為和、洋、鄉村3層樓。買些由工匠製作，兼具設計性與實用性的優質商品吧。

☎0134-33-1993 住小樽市堺町7-26 ◷8時45分～18時（北一館～17時30分LO） 休無休 交JR南小樽站步行10分 P使用簽約停車場（消費滿2000日圓以上2小時免費） MAP附錄P12F1

1保留石造倉庫完整氣氛的洋樓層 2可從店前北一的文字感受到悠久的歷史

也許可發掘意外的寶物

「北一硝子暢貨中心」內減價販售存貨及停產的系列商品。許多商品的價格僅為原來的2～3成。

☎0134-33-1993 MAP附錄P12F1

偷偷買些會成為回憶的商品

珠寶音樂盒

（中後）4320日圓（右）4104日圓

※（左）為照片中後盒子打開的商品

適合當作珠寶盒的華美設計。有可愛風、時尚簡約風等多種選擇。

用眼及耳感受的童話世界

萬花筒音樂盒 3888日圓

邊聽音樂盒的音樂，邊看萬花筒，讓人彷彿陶醉在夢中。

把北海道的象徵物變成音樂盒

木製蒸氣時鐘音樂盒 5616日圓

將小樽的象徵－蒸氣時鐘以及棲息在北海道的棕熊＆狐狸等動物齊聚一堂的可愛木製音樂盒。

浮出立體影像的嶄新技術

3D雷射水晶球音樂盒 3024日圓

將燈打開後就會浮現海豚的立體圖案，視覺上相當貴氣的音樂盒。

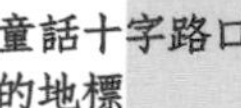

童話十字路口的地標

蒸氣時鐘音樂盒

4104日圓

小樽オルゴール堂本館前的蒸氣鐘造型。可當時鐘使用兼具實用性。

堺町通

おたるおるごーるどうほんかん

小樽オルゴール堂本館

陶醉在放鬆身心的柔和音色中

面向堺町通童話故事路口的知名音樂盒商店。共有多達25000件以上的商品，從1000日圓左右的便宜品項，到數百萬元的高級商品應有盡有。點上水晶燈，純櫸木建造的館內氣氛絕佳。

☎0134-22-1108 住小樽市住吉町4-1 ⌚9～18時（夏季週五、六，假日前日為～19時）休無休 交JR南小樽站步行7分 P無 MAP附錄P12F1

1挑高的館內流淌著音樂盒的音色 2店面使用建於明治45年（1912）的歷史建築

小樽過去捕魚用的浮球是用玻璃製成。之後這種技術被應用於製作各種器物，便成為有名的玻璃工藝。

若想感受舒適寧靜的小樽 推薦前往北運河～色內區域

雖說觀光客絡繹不絕的淺草橋一帶及堺町通都十分有趣，但若想安靜品味旅行就非這裡莫屬。來場讓人忍不住起思鄉之情的北運河及安靜咖啡廳、可愛小物商店巡禮吧。

◀看著拴在港邊的駁船，沈浸在旅途風情中

1 きたうんが 北運河

小樽運河展現的另一種面貌

運河上曾有許多被稱為艀的小船來來去去，現在則停了許多釣魚船，保留著往昔寬40m的河道，可想像運河原本的面貌。安靜的氣氛與與淺草橋一帶形成對比。

☎0134-32-4111（小樽市觀光振興室） 住小樽市色内3 ¥休🕒自由散步 交JR小樽站步行15分 P無 MAP附錄P12E3

2 きゅうにっぽんゆうせんかぶしきがいしゃおたるしてん 舊日本郵船株式會社小樽分社

北運河畔的代表性西洋建築

為明治39年（1906），經營海運業的日本郵船株式會社的分行建築。採近世歐洲文藝復興樣式的石造2層樓建築被指定為國家重要文化財。

☎0134-22-3316 住小樽市色内3-7-8 ¥入館300日圓 🕒9時30分～17時 休週二（逢假日為翌日的平日休） 交JR小樽站步行20分 P10輛 MAP附錄P12E3

▲店家自製咖哩飯，附咖啡1100日圓

◀舊分社前有停船處

▲典雅的室內設計很值得一看

3 きっさ きたうんが 喫茶 北運河

舒適寧靜的復古咖啡廳

改建自大正時期原為海運公司辦公室的石造倉庫。慢慢熬製的咖哩濃縮著蔬菜的甜味，口感滑順。也有甜點和吐司等輕食。

☎0134-27-2782 住小樽市色内3-8-2 🕒11～17時LO 休不定休 交JR小樽站步行20分 P5輛 MAP附錄P12E3

\ 烹飪專家也會造訪的市場 /

「鱗友朝市」販售新鮮的海鮮與乾貨，還有可品嘗海鮮丼的食堂。
☎0134-22-0257 MAP附錄P12E3

▲木框玻璃門與瓦片屋頂營造出鄉愁的氣息

4

う゛い゛れ さう゛ぃ ぷらす み一ゆ

vivre sa vie + mi-yyu

昔日文具店變身為可愛的雜貨店

建築原為明治期販售茶、紙、文具的歷史悠久老屋，現為雜貨店。除了販售北海道藝術家的手工藝品，還有進口雜貨與自然風小物，吸引衆多顧客。

使用白樺樹皮加以雕刻，為俄羅斯的民藝品。1620日圓～

☎0134-24-6268 住小樽市色内2-4-7 ⏰11～18時 休週一，每月第3週二（逢假日則營業） 交JR小樽站步行10分 P無 MAP附錄P13A2

▶筆記本，每頁邊緣皆有切線，可外翻當索引，各486日圓

Goal!

6

る・きゃとりえむ うんがどおりてん

Le quatrieme 運河通店

品嘗色彩豐富的精緻手工蛋糕

1樓為販售使用季節水果＆高級生奶油製成的蛋糕，2樓則是可欣賞運河景色的咖啡廳，可在此享用這裡的限定甜點和午間套餐1000日圓～等。

☎0134-27-7124 住小樽市色内2-3-1 ⏰11～19時 休週三 交JR小樽站步行10分 P無 MAP附錄P13A2

▲2樓的咖啡廳使用融合法國風格的高格調裝潢

5

あめやろくべえほんぽ

飴屋六兵衛本舗

傳統樸實無華的手工糖果

第一代店主於富山開業經營糖果商店，第三代店主於明治24年（1891）搬到小樽。大正7年（1918）成立公司，是間老字號。使用北海道產甜菜糖與小樽的水手工製作的糖果，滋味溫和樸實。

☎0134-22-8690 住小樽市色内2-4-23 ⏰9～16時 休週日、假日 交JR小樽站步行10分 P無 MAP附錄P13A2

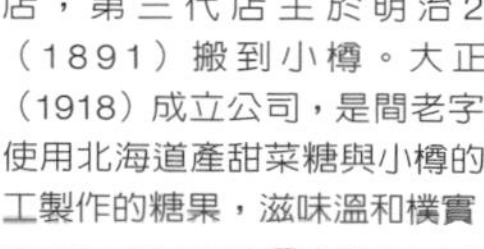

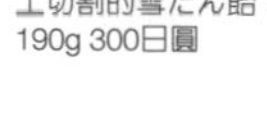

▲包著豆沙餡，純手工切割的雪たん飴，190g 300日圓

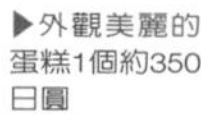

▶外觀美麗的蛋糕1個約350日圓

船入澗為舊日本郵船株式會社商船的卸貨地點。現為運河公園，是可欣賞噴水池的市民休閒場所。

為什麼小樽有這麼多懷舊建築？

小樽為北海道內最早開發的繁榮商業都市。
在此介紹明治～大正時期小樽繁榮的歷史與訴說往昔榮光的建築物。

Before
大正末期～昭和初期小樽運河上貨船雲集（照片提供／小樽市綜合博物館）

Now
現在的小樽運河。規劃完善的散步步道與古老倉庫群融為一體

必須先了解港都興起的背景 解開小樽悠長的歷史之謎

札幌鐵路相關景點

手宮線遺址
國鐵手宮線於昭和60年（1985）廢線。現為散步步道（☞P87）。

官營幌內鐵路的火車「しづか号」
曾奔馳於幌內鐵路上的蒸氣火車。小樽市綜合博物館本館（MAP附錄P12F3）館藏。

北前船往來交錯，江戶時代重要的小樽港

北前船為江戶時代的主要交通方式。是從關西經日本海沿岸，前往北海道的商船，當時視為天然良港的小樽也是停靠的其中一站。

明治維新後的近代化風潮 北海道最早鋪設的鐵路

明治維新後，隨著北海道近代化積極進行，港都小樽也開始繁榮起來。明治13年（1880）北海道第一條鐵路．幌內鐵路（手宮線）（☞P87）正式通車。將內陸生產的煤炭運至北海道外，對日本的近代化有很大的貢獻。

因取得樺太後急速發展 許多銀行及公司紛紛進駐

明治38年（1905）日俄戰爭結束，樺太（現薩哈林）北緯50度以南成為日本領土，更加速了小樽的發展。小樽此後成為前往樺太的入口，小樽港的業務量激增。第一次世界大戰後更開闢了前往滿州（中國東北）與歐洲的航線。此外，大正10年（1921）隨著大規模防波提完工，小樽也成為與橫濱及神戶齊名的國內數一數二貿易商港。小樽運河（☞P86）完工當時，可說是小樽的全盛時期，日本本州的銀行及公司也是在此時大舉進入小樽。

訴說商都繁華過去的景點

北國華爾街
銀行與商社並排林立的金融街，是後來才改稱現在的名字。
交JR小樽站步行10分

什麼是小樽建築的特色「木骨石造」？

樑柱使用木材、牆壁使用石材的建築方式。防火性能佳，明治到昭和初期常用於倉庫等建築。

在「北國華爾街」依然使用著的建築物

大正時期的小樽、色內一帶為銀行及商社林立的金融區。
當時許多建築依然有店家與公司進駐。

舊北海道銀行總行

●建造年份
明治45年（1912）
●現為
ワインカフェ／ワインショップ 小樽バイン（☞P98）
MAP附錄P13C2

舊第一銀行小樽分行

●建造年份
大正13年（1924）
●現為
トップジェント·ファッション·コア株式会社
MAP附錄P13C2

舊北海道拓殖銀行小樽分行

●建造年份
大正12年（1923）
●現為
Hotel Vibrant Otaru
（☞P103）
MAP附錄P13C2

舊三菱銀行小樽分行

●建造年份
大正11年（1922）
●現為
小樽運河巴士總站
（☞P87）
MAP附錄P13C2

日本銀行舊小樽分行

●建造年份
明治45年（1912）
●現為
日本銀行舊小樽分行 金融資料館
（☞P87）
MAP附錄P13C3

舊百十三銀行小樽分行

●建造年份
明治41年（1908）
●現為
小樽浪漫館
MAP附錄P12D2

舊第百十三國立銀行小樽分行

●建造年份
明治26年（1893）
●現為
オルゴール堂®海鳴楼 本店(☞P102)
MAP附錄P12D2

舊安田銀行小樽分行

●建造年份
昭和5年（1930）
●現為
花ごころ 小樽店
MAP附錄P13B2

舊郵政省小樽地方儲金郵局

●建築年份
昭和27年（1952）
●現為
市立小樽文学館（☞P102）·小樽美術館
MAP附錄P13C3

色內～北運河如畫般的建築物

邊尋訪建築邊拍照，也許可照出彷彿回到過去的照片

舊大家倉庫

●建築年份
明治24年（1891）
曾為海產商．大家家的倉庫
MAP附錄P13A2

舊澀澤倉庫

●建築年份
明治28年（1895）
由澀澤財閥建造的分行倉庫，共有3棟。
MAP附錄P12E3

舊日本石油株式會社倉庫

●建築年份
大正9年（1920）
保管舊日本石油株式會社的輸出輸入用商品。
MAP附錄P12E3

舊日本郵船株式會社小樽分社

●建築年份
明治39年（1906）
有貴賓室的海運公司舊辦公室（☞P92）
MAP附錄P12E3

舊日本郵船株式會社小樽分社存貨倉庫

●建築年份
明治39年（1906）
將無法裝船的貨物暫時保管的倉庫。
MAP附錄P12E3

舊右近倉庫

●建築年份
明治27年（1894）
北前船主．右近權左衛門曾使用的存貨倉庫。
MAP附錄P12E3

就快到午餐時間了 不妨試試港都的海鮮丼與壽司吧？

旅行樂趣之一就是享受當地美食。特別是當季美味絕不能錯過。
來嘗嘗以港都小樽獨有的優質當季海鮮為食材的划算壽司與丼飯吧。

壽司屋通
おたるにほんばし
おたる日本橋

小樽握壽司3240日圓
可品嘗到自當季北海道內產地進貨的帆立貝等共10貫壽司

由在海邊長大的師傅們大顯身手

壽司通上擁有首屈一指人氣的壽司店。當地出身的功力高強師傅為大家製作只用天然當季壽司料的握壽司。1人份套餐1430日圓～十分划算。

☎0134-33-3773 住小樽市稲穂1-1-4 ⏰11～21時30分（有時會不定期於15時～17時間打烊） 休不定休 交JR小樽站步行10分 P使用簽約停車場 MAP附錄P12D3

除了吧台，還有和式座位及宴會廳

❖大概預算❖
午 約2000日圓
夜 當季店家推薦握壽司5184日圓

色内
すしこう
すし耕

和（nagomi）壽司 2700日圓
共有鮭魚卵、松葉蟹、美味的北寄貝等11貫壽司

價錢實惠的壽司店

在位於古老石造倉庫內的店裡，可品嘗來自小樽近海及北海道各地的當季海鮮。為了讓顧客能安心點餐，菜單上都有標明價格，自選1貫108日圓～，8貫套餐1728日圓～十分合理。

☎0134-21-5678 住小樽市色内2-2-6 ⏰12時～20時30分LO 休週三（逢假日則為翌日休） 交JR小樽站步行10分 P6輛 MAP附錄P13B2

就在小樽運河附近，很有味道的石造倉庫店面

❖大概預算❖
午 約2500日圓
夜 約3500日圓

小樽壽司為何好吃？

市區有祝津、鹽谷、忍路三處漁港，剛上岸的鮮魚立刻變成壽司料。此外，由於市民們口味都相當刁鑽，師傅們也都必須有一定功力，壽司的水準自然就高。

●小樽推薦壽司料●

蝦蛄
季節●4～6月、10～12月
春天有卵，秋天則可享受鮮美肉質，是小樽名產。

海膽
季節●5月中旬～8月
可品嘗濃醇的滋味與入口即化的甘甜，是小樽夏季的招牌食材。

鯡魚
季節●2月上旬～3月下旬
富含油花卻又十分清爽的肉質，十分爽口有嚼勁為一大特色。

放進各種豪華食材的寶物盒

位於堺町通的傳統定食屋「万次郎」，最受歡迎的丼飯是鮭魚親子丼，上有大量自製醬油醃鮭魚卵，下面則是肥美鮭魚，2000日圓。

☎0134-23-1891 MAP附錄P12D2

自選三色丼（含海膽）2980日圓

可從10種新鮮食材中選擇3種。大份量也是魅力所在。

色内

さかなやちょくえいしょくどう うろこてい

魚屋直営食堂 うろこ亭

幾乎要滿出來的食材令人期待

位於海產店的2樓，可在此享用1樓販售的海鮮生魚片或燒烤海鮮。最受歡迎的是大方鋪上各種食材的海鮮丼。也很推薦新鮮的活鱈場蟹（時價）及活帆立貝300日圓～。

☎0134-21-7570 住小樽市色内1-5 うろこ番屋2樓 ⌚10時30分～17時LO（7～9月的週六、日為～19時LO） 休不定休 交JR小樽站步行10分 P無 MAP附錄P13B2

店裡相當寬敞，主要為桌子座位，共50席。

小樽站周邊

たけだせんぎょてんちょくえい あじどころ たけだ

武田鮮魚店直営 味処 たけだ

在市場品嘗使用當季海鮮的三色丼

站前三角市場内的魚店直營餐廳。包括可自選喜歡組合的三色丼，有多種海鮮丼選擇。烤魚定食650日圓～及1人份生魚片套餐1000日圓，八角燒800日圓都很美味。

☎0134-22-9652 住小樽市稲穂3-10-16 三角市場内 ⌚7～16時 休無休（12月下旬不定休） 交JR小樽站即到 P使用簽約停車場（消費顧客免費） MAP附錄P13A4

還可請廚師幫忙調理武田鮮魚店購買的食材

三色丼（蝦、鮭魚卵、帆立貝）1500日圓

4隻蝦、口感Q彈的活帆立貝以及店家自醃鮭魚卵，份量誠意十足。

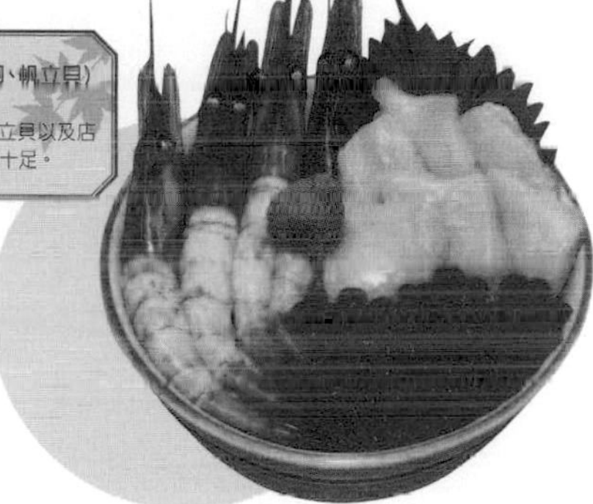

海神丼 2268日圓

海膽、鮭魚卵等共有多達9種豪華食材！並附螃蟹味增湯。

新鮮的壽司料在櫃檯前一字排開，讓人食指大動

堺町通

かいせんどんや おたるぽせいどんそうほんてん

海鮮丼屋 小樽ポセイ丼総本店

可同時滿足預算與肚子的實惠價格

販售受歡迎海神丼（照片）的知名店家，還有鮭魚卵丼1080日圓、500日圓銅板丼飯等，實惠的價位是最大賣點。除了海鮮丼與定食外，使用鯡魚、鮭魚、烏賊等新鮮食材的爐邊燒也是招牌菜之一。

☎0134-61-1478 住小樽市堺町4-9 ⌚10時30分～18時LO 休無休 交JR南小樽站步行15分 P無 MAP附錄P12E1

「雖說沒什麼時間還是想吃海鮮！」的人請到堺町通。有些店家會在店前販售燒烤帆立貝與蟹腳。

在復古建築享用洋食午餐 好像也很吸引人呢

在洋溢異國情調的小樽街道，有許多年代各異的美味洋食餐廳。
在位於古老建築內的餐廳，細細品味脫離日常的夢幻氣氛吧。

▲使用間接照明照亮紅磚建築，讓店内風情獨具

細點圓趾蟹番茄奶油義大利麵（前）1600日圓
海膽鹹派（後）750日圓
提煉於近海捕細點圓趾蟹的鮮味融進奶油醬中，把新鮮的海膽拌做成鹹派。

建築的歷史

過去為磯野商店的倉庫，以販售佐渡味噌與新潟米起家。建於明治39年（1906）。

色内

うみねこや

海猫屋

在電影與小說中登場的紅磚倉庫

將建於明治後期的紅磚倉庫改裝而成，這種建築即使在小樽的古建築中也很少見。在曾被當作電影與小說場景的風情獨具空間中，可品嚐義大利麵、披薩等海鮮食材為主的歐風菜餚。將海鮮以西式醬汁調理的海貓丼1890日圓是招牌菜之一。

☎0134-32-2914 住小樽市色内2-2-14 🕒11時30分～14時LO、17時30分～21時30分LO 休不定休 交JR小樽站步行10分 P6輛 MAP附錄P13B2

北國華爾街

わいんかふぇ／わいんしょっぷ おたるばいん

ワインカフェ／ワインショップ 小樽バイン

曾為銀行的莊重建築

販售當地酒莊生產的「北海道ワイン」「函館」「ふらの」等100多種北海道產葡萄酒。可在石牆營造的寧靜舒適空咖啡廳中，享用使用當季北海道食材的佳餚，搭配1杯350日圓～的多種單杯葡萄酒。

☎0134-24-2800 住小樽市色内1-8-6 🕒11時～21時30分LO（葡萄酒販售處為10時～22時，因季節有所調整）休無休 交JR小樽站步行7分 P使用簽約停車場（消費顧客免費）MAP附錄P13C2

建築的歷史

明治45年（1912）建造的建築物，原本為銀行。位於被稱為北國華爾街的昔日金融區。

▶店内保留建造當時結合札幌軟石與木頭的風格

バイン起司鍋（前）
1700日圓
森林香菇與北海道產鹿肉醬義大利麵（後）950日圓
很適合搭配紅酒享用的人氣料理。

手工點心與窯烤披薩廣受好評

町通附近的義大利餐廳「VERY VERY STRAW BERRY」。在紅磚建築店內，可嘗到窯烤比薩1512日圓～及店家自製甜點540日圓～廣受好評。

☎0134-23-0896 MAP附錄P12F2

西班牙海鮮燉飯
2人份3300日圓
飯上放上滿滿的鮮蝦等海鮮，光看就是種享受。需2人以上才可點餐。

建築的歷史

明治中期建造的石造倉庫，從牆壁與樑柱仍可窺見往昔風采。

色内

ようしょくや まんじゃーれたきなみ

洋食屋マンジャーレ TAKINAMI 整修中

在石牆建築店內對手工的好味道讚不絕口

大量使用近海產鮮魚及道產小麥等當地食材，共提供約40種西式餐點。從醬汁開始皆使用純手工烹調的料理味道自然不在話下，在古老石牆保存完好的店內氣氛也是賣點之一。

☎0134-33-3394 住小樽市色内2-1-16 營11時30分～14時30分LO、17時30分～20時30分LO 休週三 交JR小樽站步行10分 P5輛 MAP附錄P13B2

※預計2016年初夏重新開幕

午餐950日圓起

手工香腸拼盤（前）950日圓
啤酒（後）1杯507日圓～等
品嚐各種不同的啤酒，並搭配各種下酒菜也是種樂趣。

建築的歷史

為並排於運河畔的其中一座倉庫，將大正時期的穀物倉庫改建成店家。

小樽運河

おたるびーる おたるそうこ なんばーわん

小樽ビール 小樽倉庫No.1

在運河倉庫品嘗小樽當地啤酒

在這間啤酒餐廳，最受歡迎的是使用小樽軟性水以及純正德國釀造技術釀造的當地啤酒。除提供皮爾森、Dunkel、Weiss等風味各異的3種不同啤酒外，還有其他期間限定品項。

☎0134-21-2323 住小樽市港町5-4 營11時～22時30分LO 休無休 交JR小樽站步行12分 P40輛 MAP附錄P13C1

也有免費參觀釀造廠的活動

午餐全餐
1500日圓
主餐可選肉或魚，附甜點、飲料等。

建築的歷史

紅褐色的牆壁與格子窗洋溢時尚氣息，改建自大正末期的獨棟建築。

色内

びすとろ·ぶらんしゅ

Bistrot Blanche

可享用精湛廚藝烹調的北海道食材

改裝自大正時期的西式建築。提供使用北海道當地食材為主，融合法式＆義式的調理法烹調的菜餚。品項豐富的午餐全餐廣受好評，晚餐全餐為2600日圓～。還有相對寬敞的吧檯座位。

☎0134-32-5514 住小樽市色内1-9-10 營11時30分～14時LO、17時30分～20時30分LO 休週二 交JR小樽站步行10分 P2輛(冬季不提供) MAP附錄P13C2

色調沉穩的寧靜空間

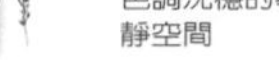

在繁華的開拓時期，小樽當時開了不少兼營居酒屋的蕎麥麵屋，許多至今仍在營業。可問問當地人，試著尋找隱藏的名店。

小樽之旅就快要結束 在優雅咖啡廳品味旅行

充分享受充滿蝦夷風情的復古街道，最後就到咖啡廳休息。
在可感受小樽歷史與獨特風味的店裡，為旅行回憶劃下句點。

這裡最棒♥
設計復古的窗框及磨得光亮的地板，讓人感受到建築的歷史。

堺町通

さかいや

さかい家

改裝自商店的和風咖啡廳

店家位於屋齡百年以上的元商家建築內，氣氛十足。在融合過去與現在的店內，可享用店家手工甜點及抹茶牛奶600日圓等飲品。原為大正時期金庫的書架等歷史悠久的傢具也是營造氣氛的重點之一。

☎0134-29-0105 住小樽市堺町4-4 ⏰10～19時（10月～4月底為～18時） 休不定休（10月～4月底為週四） 交JR小樽站步行15分 P3台 MAP附錄P12E1

冰淇淋餡蜜（前）790日圓

擁有高雅甘甜的紅豆餡與Q彈的寒天、湯圓都是手工製作。抹茶牛奶600日圓（後）可選溫或冰。

建於明治38年(1905)的商家建築，至今仍然可窺見當時樣貌

堺町通

きたいちほーる

北一ホール

油燈點亮的夢幻空間

位於北一硝子三號館內（☞P90），店內共有167個油燈。在柔和的燈光下，除了飲品與各式蛋糕套餐，還有海鮮丼1500日圓等鹹食。員工親調的特製奶茶500日圓也廣受好評。

☎0134-33-1993 住小樽市堺町7-26 ⏰8時45分～17時30分LO 休無休 交JR南小樽站步行10分 P使用簽約停車場（消費滿2000元以上2小時免費） MAP附錄P12F1

幾乎完整保留石造倉庫原貌的北一硝子三號館

蛋糕套餐 720日圓

蛋糕每季不同，隨時有4種以上可供選擇。單點420日圓。

8時45分～9時之間會點亮所有的燈

這裡最棒♥
油燈的矇朧微光營造出浪漫氣息。

店內裝飾的別緻小物也十分醒目

在大正時代創業的老店享用冰淇淋

離小樽車站很近的「アイスクリームパーラー　美園」從創業時傳承至今的冰淇淋入口滑順，很受歡迎。可來此享用聖代與紅豆湯。霜淇淋480日圓。

☎0134-22-9043 MAP附錄P13B3

這裡最棒♥
有日式採光窗與迴廊，地板為塌塌米，是傳統風格的建築

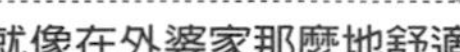

天狗山周邊

なはな

菜はな

就像在外婆家那麼地舒適

咖啡廳位在屋齡80年以上的民房內，由蛭田夫婦經營。妻子美井為營養管理師，她所烹調以玄米為主的自然手工料理廣受好評。在鋪上塌塌米的店內也有採光良好的緣廊座位，洋溢令人懷念的放鬆感與安心感。

☎0134-24-1713 住小樽市最上1-3-13 ⏰11～15時LO 休週日 交JR小樽站搭乘北海道中央巴士往天狗山纜車10分，洗心橋下車，步行3分 P6輛 MAP附錄P12E4

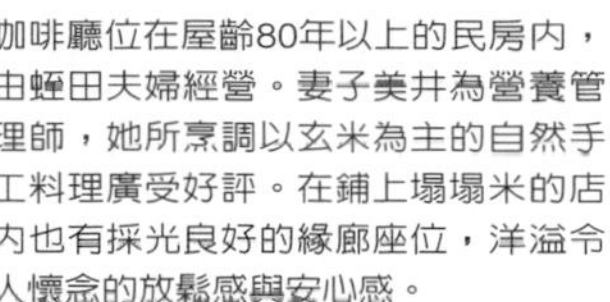

甜點套餐 650日圓

手工甜點搭配飲料套餐。甜點每日更換，提供1、2種，菜單內容請見店內告示板。

位於閑靜住宅區一隅，秘密基地般的氛圍也是其魅力之一

北運河

ぷれすかふぇ

PRESSCAFÉ

印度咖哩廣受好評的倉庫咖啡廳

面向北運河，屋齡100年以上的石造倉庫，改建成有白牆的簡約時尚咖啡廳。店裡還保留建築當時的天花板及樑柱，提供道地印度咖哩及義大利麵等鹹食餐點，還可享用店家自製蛋糕套餐700日圓～等。

☎0134-24-8028 住小樽市色内3-3-21 ⏰11時30分～21時30分LO 休無休 交JR小樽站步行15分 P10輛 MAP附錄P12E3

這裡最棒♥
利用歷史悠久的倉庫，改裝成融合溫馨與時尚的裝潢。

抹茶紐約起司蛋糕 830日圓

放上微甜的鮮奶油與小倉紅豆，高雅的抹茶香與起司的風味是絕配。

建於明治28年（1895）。店舖位於可欣賞北運河的舊澀澤倉庫一隅

新倉屋的糰子與澤の露本舖的水晶糖，小樽有許多歷史悠久的知名和菓子。記得到商店街看看喔。

不妨到這裡走走

小樽推薦景點

小樽運河周邊

おたるしそうごうはくぶつかん うんがかん

小樽綜合博物館 運河館

以展覽方式介紹小樽的歷史與自然風光

位於運河廣場隔壁的原小樽倉庫。館內為介紹城市發展的歷史區及考古資料等，展出各種豐富的資料。DATA ☎0134-22-1258 住小樽市色内2-1-20 ¥入館300日圓 ⏰9時30分～17時 休無休 交JR小樽站步行10分 P20輛 MAP附錄P13B2

北國華爾街

しりつおたるぶんがくかん

市立小樽文學館

了解小樽相關作家的情報

位於昭和27年（1952）建造的歷史悠久建築內。展出小林多喜二等小樽相關作家的親筆原稿及書信等珍貴展示。附設捐款收費制的咖啡廳。DATA ☎0134-32-2388 住小樽市色内1-9-5 ¥入館300日圓 ⏰9時30分～17時（最終入館為～16時30分）休週一（逢假日則為翌日）交JR小樽站步行10分 P20輛 MAP附錄P13C3

手宮

おたるしてみやどうくつほぞんかん

小樽市手宮洞窟保存館

保存貴重的繩紋時期壁畫雕刻

可欣賞約1600年前的壁畫雕刻。館內介紹世界各地的洞窟壁畫及繩紋時代的文化。DATA ☎0134-24-1092 住小樽市手宮1-3-4 ¥入館100日圓 ⏰9時30分～17時 休週二（逢假日則為翌平日，11月上旬～4月下旬休館）交JR北海道小樽站搭乘北海道中央巴士往高島3丁目10分，綜合博物館站下車即到 P150輛 MAP附錄P12F3

築港

いしはらゆうじろうきねんかん

石原裕次郎紀念館

回顧昭和巨星的心路歷程

石原裕次郎曾在小樽度過少年時期。館內以他的愛車及拍片時的服裝等相關物品介紹他身為「演員」與「歌手」的經歷。DATA ☎0134-34-1188 住小樽市築港5-10 ¥入館1500日圓 ⏰9～17時（6～9月為～18時）休無休 交JR小樽築港站步行7分 P100輛 MAP附錄P12F4

天狗山

おたるてんぐやまろーぷうぇい

小樽天狗山纜車

從山頂將小樽街景與海景盡收眼底

可享受從天狗山山腳至山頂約4分鐘的空中散步。山頂上有天狗館及滑雪資料館。DATA ☎0134-33-7381 住小樽市最上2-16-15 ¥往返1140日圓 ⏰9時30分～21時（因季節有所調整）休4・11月有維修日停駛 交JR小樽站搭乘北海道中央巴士往天狗山纜車17分，終點站下車即到 P250輛 MAP附錄P12E4

堺町通

おるごーるどう®かいめいろう ほんてん

オルゴール堂® 海鳴楼 本店

可試著製作MY音樂盒

位於明治26年（1893）建的原銀行建築內，店裡陳列各種原創品牌音樂盒。也提供需時約1小時～1小時30分的音樂盒製作體驗課程1000日圓～DATA ☎0134-23-6505 住小樽市堺町1-20 ⏰9～19時（冬季為～18時30分）休無休 交JR小樽站步行12分 P無 MAP附錄P12D2

小樽站周邊

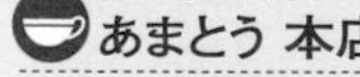

あまとう ほんてん

あまとう 本店

在洋溢昭和風情的咖啡廳小憩

昭和4年（1929）創業，以甜點Marron Coron聞名。受歡迎的鮮奶油紅豆420日圓～有味噌、鹽、醬油（照片、M大小690日圓）3種口味，可在2樓的復古咖啡廳享用。DATA ☎0134-22-3942 住小樽市稻穗2-16-18 ⏰10～19時（咖啡廳為10時30分～）休週四，有不定休 交JR小樽站步行5分 P8輛 MAP附錄P13C3

小樽運河畔的美食景點

前往可嘗到知名料理的美食主題樂園

おたるうんがしょくどう

小樽運河食堂

集結北海道美食的石造倉庫

模仿昭和30年代的小樽。有蒙古烤肉、海鮮丼、拉麵等11家北海道美食餐廳。DATA ☎0134-24-8002 住小樽市港町6-5 ⏰休11～15時、17～21時（因店家而異）交JR小樽站步行10分 P15輛 MAP附錄P13C1

おたるでぬきこうじ

小樽出抜小路

可喝杯小酒的美食景點

在仿造小樽昔時街道的腹地內，有天婦羅、海鮮丼、炸雞等14間餐廳。DATA ☎0134-24-1483（協和綜合管理）住小樽市色内1-1 ⏰因店家而異，大致為11時30分～21時 休因店家而異 交JR小樽站步行10分 P無 MAP附錄P13C2

方便觀光的
小樽飯店

介紹小樽站前的城市飯店
運河周邊的經典飯店
等各個個性十足的飯店

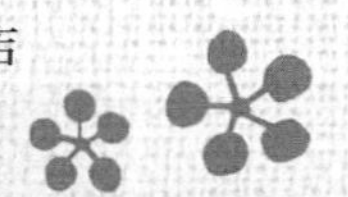

小樽站周邊

てんねんおんせん あかりのゆ
どーみーいんぷれみあむおたる

天然温泉 灯の湯
Dormy Inn Premium Otaru

在車站附近的飯店享受溫泉

位於小樽站前，位置絕佳，附使用天然溫泉的大浴池。可盡情享用當季海鮮的自助式早餐1500日圓頗受好評。還有可與寵物一起入住的房間。DATA ☎0134-21-5489 住小樽市稲穂3-9-1 交JR小樽站即到 P80輛（1晚1000日圓） MAP附錄P13B4 ¥單人5600日圓～，雙床9100日圓～ IN15時 OUT11時 ●全225室（雙床房92，雙人房99，和室4，和洋室8，其他22）●2009年7月開業

小樽站周邊

お一せんとほてるおたる

AUTHENT HOTEL OTARU

有可欣賞小樽港的客房

在這間城市商旅中，有擺滿剛出爐麵包的麵包店及餐廳、氣氛絕佳的酒吧。從頂樓客房可將小樽港美景盡收眼底。住宿客人專用浴池使用費300日圓。DATA ☎0134-27-8100 住小樽市稲穂2-15-1 交JR小樽站步行5分 P90輛（一晚1000日圓） MAP附錄P13C3 ¥單人（附早餐）8500日圓～，雙床（附早餐）16000日圓～ IN14時 OUT11時 ●全195室（單人房28，雙床房112，雙人房28，三床房6，和室1，和洋式4，其他16）●1998年6月開業

北國華爾街

ほてるう゛ぃぶらんとおたる

Hotel Vibrant Otaru

復古時尚的大正時期建築

位於活躍於小樽經濟繁榮期的大正時期銀行建築內。原本的2間金庫室，現也改裝成客房。到小樽運河僅需步行1分，觀光十分方便。DATA ☎0134-31-3939 住小樽市色内1-3-1 交JR小樽站步行9分 P使用簽約停車場（1晚1000日圓） MAP附錄P13C2 ¥單人（附簡單早餐）6500日圓～，雙床（附簡單早餐）11500日圓～ IN15時 OUT10時 ●全58室（單人房14，雙床房8，雙人房14，三人房22）●2002年7月重新裝修

小樽運河周邊

おたるうんがまえほてるそにあ

小樽運河前HOTEL SONIA

結合西洋風情與小樽風情

館內使用倫敦原裝進口的英國古董家具，洋溢異國風情。本館所有房間皆面向小樽運河，就在近處的夜景十分美麗。位於新館一樓的飯店直營壽司処　きた浜也很受歡迎。DATA ☎0134-23-2600 住小樽市色内1-4-20 交JR小樽站步行8分 P67輛（1晚950日圓） MAP附錄P13C2 ¥單人（附早餐）7500日圓～，雙床（附早餐）10000日圓～ IN15時 OUT11時 ●全95室（雙床房86，雙人房9）●1992年4月開業

小樽運河周邊

うんがのやど おたる ふるかわ

運河の宿 小樽 ふる川

眺望運河度過放鬆好時光

在有露天溫泉風情獨具的浴場享受溫泉，泡完後就在別館「光廊」度過悠閒時光。廣受好評的早餐為擺滿剛出爐麵包及近郊食材菜餚的西式自助餐。並以親切的待客之道聞名。DATA ☎0134-29-2345 住小樽市色内1-2-15 交JR小樽站步行13分 P20輛（1晚500日圓） MAP附錄P13C2 ¥單人（附早餐）7150日圓～，雙床（附早餐）17300日圓～ IN15時 OUT12時 ●全41室（單人房5，雙床房29，雙人房2，和室2，其他3）●2014年5月部分重新裝修

稍微走遠一點　**朝里川溫泉**

おたるりょてい くらむれ

小樽旅亭 藏群

在高級飯店度過幸福一晚

客房為客廳、寢室分離的和洋式及和室，每個房間的構造都不相同。館內餐點費用已全部包含在住宿費用中。可在客房外的專用個人房悠閒享用當地食材菜餚。

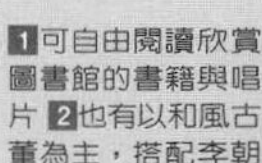

1可自由閱讀欣賞圖書館的書籍與唱片 2也有以和風古董為主，搭配李朝和明朝家具的房間

DATA ☎0134-51-5151 住小樽市朝里川溫泉2-685 交JR小樽站搭乘北海道中央巴士往朝里川溫泉27分，溫泉街站下車，步行3分 P19輛 MAP附錄P3B2 ¥1泊2食33550日圓～ IN15時 OUT11時 ●全19室（和室4，和洋室15）●2002年5月開業

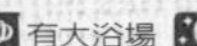 

有禁菸房　有大浴場　有美體服務　有網路　可一人入住

從小樽前往 積丹半島1day兜風之旅

在天氣好的日子稍微走遠點，前往積丹半島來趟一日遊吧。
清澈的大海與產季為夏季的海膽等，許多海邊城鎮才有的樂趣等著你。

START!

おたるえき
小樽站

含小樽車站內的車站租車服務在內，200m範圍內共有Toyota租車服務等2間公司。免費異地還車等每間公司有不同方案。

約6km
15分

にしんごてん おたる きひんかん
(きゅうあおやまべってい)
① にしん御殿 小樽 貴賓館(舊青山別邸)

因撈捕鯡魚致富的海產批發商豪宅

大正6年（1917）起費時6年半興建的海產批發商別邸，已登錄為國家有形文化財。擁有美麗的庭園，每個房間各自不同的紙拉門畫與屏風十分壯觀。在餐廳內可享用使用小樽山珍海味的和風菜餚。

☎0134-24-0024 住小樽市祝津3-63 ¥舊青山別邸入館1080日圓 ⌚9～17時(1～3月為～16時，櫃檯各30分前，餐廳為11時～) 休無休 交JR小樽站搭乘北海道中央巴士往おたる水族館20分，祝津3丁目站下車，步行5分 P30輛

1極盡奢華但又獨具風格品味的宅邸內 2庭園還可欣賞四季不同的景致

約25km
38分

にっかういすきーよいちじょうりゅうしょ
② NIKKA WHISKY余市蒸餾所

由「日本威士忌之父」創設

NIKKA WHISKY的創業大老．竹鶴政孝，為了製作道地的威士忌於昭和9年（1934）興建的蒸餾所。可在此試喝威士忌、葡萄酒、蘋果汁等。每隔30分鐘會舉辦一次免費導覽參觀（12時30分除外）。

約24km
36分

1從正門進去會立刻看見燻窯（窯塔） 2讓威士忌可在適當溫度下保存的儲藏室

☎0135-23-3131 住余市町黒川町7-6 ¥免費參觀 ⌚9～17時(導覽參觀最晚場次為15時30分) 休無休 交JR余市站步行3分 P40輛

總長152km（小樽站出發）
兜風時間3小時54分

❗兜風要點

抵達余市前道路較為平坦順暢，從積丹半島開始便是山路及濱海道路，是絕佳兜風路線。各處都有美景觀景點。濱海道路彎道較多要注意速度。

廣域MAP附錄P3A2～B2

從露天溫泉眺望2個海岬的美景

擁有可遠眺神威岬與積丹岬露天溫泉的「岬の湯 しゃこたん」。沒有比邊欣賞開闊的風景邊悠閒泡溫泉更高級的享受了。入浴費610日圓。

☎0135-47-2050 MAP P104左上

▲在被稱為積丹藍的碧藍大海上享受渡輪之旅

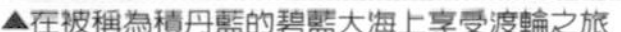

にゅーしゃこたんごう

新積丹號 ③

奇岩巡禮＆欣賞海底美景樂趣無窮

可近距離感受被稱為積丹藍大海的觀光船。從瞭望室窗口可看見海底，從船上則可欣賞雄偉的自然風景。由於航班為不定期，記得事先打電話確認航行時間。

☎0135-44-2939(船票販售處) 住積丹町美国町船澗1979-2美国漁港內 ¥船票1300日圓 ◷8時30分～16時30分(因時期有所調整) 休天候不佳時，10月下旬～4月下旬停駛 交JR余市站開車40分 P100輛

約17km 25分

おしょくじどころ みさき

お食事処 みさき ④

絕對要吃到！剛撈捕的生鮮海膽

由捕海膽專家經營的大排長龍名店。在夏天海膽季時可享用店前海灘現抓的生海膽丼及活海膽2個700日圓。也有人是為了秋天的生鮑魚散壽司2500日圓（10月～）特地前來。

☎0135-45-6547 住積丹町日司町236 ◷9～16時 休第2、4週三 交JR余市站開車1小時 P27輛

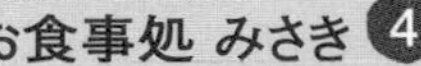

▶旺季時隊伍會一路排到店外

生海膽丼 2400日圓
滿滿鋪上一層有著清爽甜味的北紫海膽

約13km 20分

約152km 3時間

GOAL!

しんちとせくうこう

新千歲機場

租車公司都離機場有段距離。還車時記得預留時間。

かむいみさき

神威岬 ⑤

可感受大自然奧祕的名勝景點

突出於積丹半島西北邊的海岬。只要穿過底端女性禁止通行門的右手邊，就可欣賞到一直往前延伸、宛如龍背般的海岬與碧藍大海形成的神秘景象。太陽將大海染成一片紅色的夕照也十分壯觀。

☎0135-44-3715(積丹觀光協會) 住積丹町神岬町シマツナイ ◷大門開放8時～19時(因季節、天候有所調整) 休無休 交JR余市站開車1小時10分 P300輛

約67km 1時間40分

GOAL!

おたるえき

小樽站

在車站周邊還車。從小樽站前往新千歲機場搭乘JR機場快速列車最快1小時12分

▼碧藍清澄一望無際的海面

在積丹可捕到顏色偏紅滋味濃郁的馬糞海膽，以及偏白味道較淡的北紫海膽。前者漁獲量少很珍貴。

大片向日葵花田令人感動

緩坡上一棵大樹靜靜矗立

蜻蜓飛到薰衣草上

展示十分精彩的旭山動物園

海豹會游到你身邊

企鵝彷彿在天空飛翔

在動物園正門照張相

麥田裡的麥稈堆滾來滾去

療癒身心的動物及北海道美景
前往旭山動物園・美瑛・富良野

以動物行動展示打出知名度的旭山動物園。
在南邊有著一望無際和緩山丘及田園風鏡的美瑛・富良野，
可盡情欣賞北海道才有的雄偉風景。
不妨悠閒開車兜風，充分享受這裡的魅力。

蝦夷松鼠在森林裡追逐玩耍

四季彩之丘的花田地毯

旭山動物園・美瑛・富良野是什麼樣的地方

約位於北海道正中央。和緩的山丘，
花田與穀物田連綿的壯觀田園風光是必看景色。

 觀光景點集中在3個地區

旭川為北海道第二大都市，有知名觀光景點旭山動物園；美瑛為日本主要農業地區，擁有北海道風格的壯觀穀物田及丘陵；富良野則以薰衣草田、日劇、廣告拍攝場景聞名，觀光景點都集中在這三個地區。旭川的大眾交通工具設施完善，但美瑛及富良野的景點較為分散，推薦租車前往。

 觀光前先搜集相關資訊

特別是若要前往可看到美麗五彩花田的富良野，事先確認花季是非常重要的。此外也別忘了注意夏季限定的觀光周遊巴士等情報。

洽詢 旭川觀光物產情報中心 ☎0166-26-6665
洽詢 美瑛町觀光協會 ☎0166-92-4378
洽詢 富良野觀光協會 ☎0167-23-3388

check重新整修後的旭川站

車站周邊設計完善的「旭川北都花園」種植著美麗的花草，2015年7月31日開幕。

新車站建築外觀為玻璃帷幕

往深川IC
往塩狩
往愛別
旭川鷹栖IC
旭川北IC
道央自動車道
旭川站
往深川
JR富良野線
旭川機場
旭川市 ① 旭山動物園
拼布之路
美瑛站
② 美瑛
全景之路
237
中富良野站
往瀧川
38
花人街道
富田農場・中富良野站
JR根室本線
③ 富良野
富良野站
新富良野王子大飯店
往布部
麓鄉之森

交通CHECK

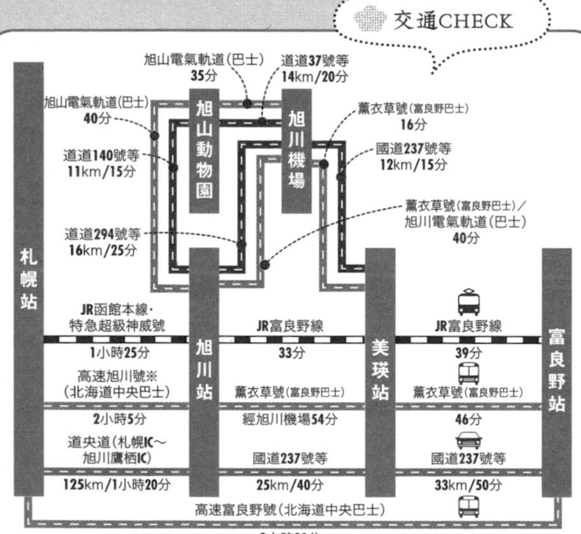

③ ふらの 富良野

…P122

以代表北海道的花・薰衣草花田聞名。此外還是日劇『來自北國』的拍攝地，吸引許多劇迷。

1 富田農場一望無際的薰衣草田 2 『來自北國』中五郎住的石造小屋

あさひかわしあさひやまどうぶつえん

1 旭川市旭山動物園

…P110

知名動物園，透過在別的地方看不到的展示方式，可欣賞至今未曾親眼見過的動物生態。是這個地區的必訪No.1！

▲可從水中隧道欣賞企鵝的泳姿

びえい

2 美瑛

… P120

和緩的山丘上是一望無際的蔬菜及穀物田，壯觀的風景為其魅力所在。因不同田野呈現不同顏色，彷彿是拼布般的美麗風景。

1田野上有親子樹等各種拍照景點 2 5～10月間可欣賞到美麗花田的四季彩之丘

便利的巴士

無限搭乘巴士くるる號

繞行富良野市區，可自由上下車的周遊巴士。行駛期間為7月上旬～8月中旬，費用為1200日圓2日無限搭乘。乘車券可在車內或綠色窗口購買。

洽詢 富良野觀光協會 ☎0167-23-3388

1日7班。可有效利用2天內無限搭乘的方便巴士

ツインクルバス美瑛號、富良野號

JR北海道乘客限定的預約制觀光巴士。分為「美瑛號（山丘路線與拓真館路線）」程車費1500日圓與「美瑛 富良野號」乘車費1500日圓。夏季及秋季行駛，班次數不固定。洽詢 JR北北海道電話客服中心☎011-222-7111

預約請至JR北海道主要車站的綠色窗口的ツインクルプラザ（遊客中心）

自駕暢遊旭山動物園、美瑛、富良野2天1夜行程

可盡情享受知名動物園及北海道自然風景的行程。享受旭川拉麵等當地美食及參觀日劇拍攝地點也是樂趣所在。

第1天 START

- 7:55 札幌站
  - 151km/2時間5分
- 旭川
- 10:00 旭川市旭山動物園 …P110
  - 10km/15分
- 13:30 旭川らぅめん青葉本店 …P118
  - 24km/40分
- 美瑛
- 15:00 拼布之路 …P120
  - ・Ken與Mary之樹
  - ・七星之樹
  - ・親子樹
  - 16km/25分
- 17:00 オーベルジュてふてふ …P128

第2天

- 8:50 オーベルジュてふてふ
  - 4.5km/10分
- 9:00 全景之路 …P121
  - ・四季彩之丘等
  - 19km/30分
- 富良野
- 10:15 富田農場 …P122
  - 10km/15分
- 11:45 唯我独尊 …P127
  - 6km/10分
- 12:40 新富良野王子大飯店 …P123・128
  - ・風之花園
  - ・富良野・戲劇館
  - ・珈琲 森の時計
  - 22km/35分
- 14:30 麓鄉 …P123
  - ・五郎石造小屋等
  - 160km/3時間20分
- 19:00 租車公司
  - 接駁巴士10分
- 19:30 新千歲機場 GOAL

既然來到北海道就一定要去 旭山動物園簡介

參觀需時 3小時

位於日本最北邊的旭川市旭山動物園，是「一定要造訪一次的動物園」。可近距離觀察動物，也別錯過知名活動「餵食秀」。

享樂 keyword ❶
行動展示
引出動物野生本能地行動展示，分為水中隧道展示等多種不同的內容。

與水槽中的海豹對上眼了

享樂 keyword ❷
共生展示
將在野外共生的動物放在一起，或捕食關係的動物放在隔壁展出。

享樂 keyword ❸
餵食秀
邊欣賞活力十足動物們旺盛的食慾，邊聽飼育員的解說。需時10～20分。

あさひかわしあさひやまどうぶつえん

旭川市旭山動物園

以行動展示打出知名度 1年約有160萬遊客造訪

彷彿在天空飛的企鵝、豪邁潛水的北極熊、圓柱水槽垂直游泳的海獺等，這是座可近距離觀察野生動物原本的生態及本能的日本首屈一指動物園。不算大的園區只要3小時就可逛遍，若要參加活動或好好欣賞動物必須再加1～2小時。在觀光旺季春 秋季有長期休園，需特別注意！

旭川市旭山動物園DATA

☎0166-36-1104 住旭川市東旭川町倉沼 ¥入園820日圓 ⏰夏季開園(4月29日～11月3日)9時30分～最終入園16時(8月中旬預定舉行的夜間動物園期間，最終入園為～20時)，冬季開園(11月11～2016年4月7日)10時30分～最終入園15時※2016年4月8日後需洽詢 休開園期間無休 P動物園免費停車場700輛等 MAP附錄P14B1

●從JR旭川站

巴士：旭川電氣軌道巴士往旭山動物園40分，旭山動物園下車即到。

開車：經一般道路、國道39號、道道140號11km

●從旭川機場

巴士：旭川電氣軌道巴士往旭山動物園35分，旭山動物園下車即到。

開車：經道道37、295號等14km

搭乘特急旭山動物園號 抵達前就充滿興奮之情

連接札幌站與旭川站間約1小時40分的特快列車。有布偶造型的抱抱座位等多種樂趣。全車為對號座，平時期間包含選座費用、特急費用為單程4810日圓。也有旭川站發車巴士及入園券的套票（P138）。

（右）有大草原景色的サバンナ號等可愛的車廂設計（左）抱抱座位讓大人也難掩興奮之情

抵達動物園後記得check！

有3處入口

分為正門、東門、西門，旭川車站發車的巴士在正門下車。東門有較多停車場。西門離受歡迎的北極熊館及海豹館很近。

確認餵食秀的時段

入園時記得在入口確認時段。由於是熱門活動，記得在開始前30分到場。

禁止使用閃光燈

為了不刺激動物們的眼睛或嚇到牠們， 嚴禁閃光燈攝影 ！

若想參加更多旭山動物園的活動

夏季限定 （預定為8月中旬）

夜間動物園

閉園時間延後至21:00。是觀察夜行性動物的最好機會。

冬季限定 （預定為12月下旬～3月上旬）

企鵝散步

熱門活動之一，為冬季限定。活動約30分，企鵝搖搖擺擺走過500m左右的散步道。

整年／每月約2次 （完全預約制）

最愛旭山

在飼育場及野外舉行的體驗型活動。名額不多，需及早申請。

整年／每月約2次 （完全予約制）

完全旭山

主要為幕後體驗活動。可參觀動物園的幕後及飼育員工作的樣子。

※完全預約制的活動需在舉辦3週前早上九點起以電話預約。詳情請見官方網站

參觀園內前先看一下吧

動物園停車場(免費)　洗手間
私人停車場(收費)　身障洗手間
餐飲店　公用電話
休息處　哺乳室
商店

※水鳥村、孔雀舍、北海道產動物獸欄局部、猴舍、小型動物獸欄冬季不開放參觀

舊綜合動物獸欄(只展示澳洲鴕鳥)
東門
旭山動物園官方商店
動物園書館
蜘蛛猴、水豚館 K
テイルン・テイル
小動物獸欄
兒童牧場
迷你鴨(夏季限定)
環尾狐猴(夏季限定)
猴舍、長臂猿館
孔雀舍(夏季限定)
黑猩猩館 J
I 紅毛猩猩館
旭山動物園Club東門SHOP
日本獼猴
猴山
北海道原生動物獸欄
加拿大馬鹿
島梟舍
安寧之森
小獸舍 F
丹頂鶴舍
兩棲類、爬蟲類獸欄
H 蝦夷鹿之森
(夏季限定)
C 北極熊館
G 狼之森
小熊貓吊橋
北極狐獸欄
D 長頸鹿館、河馬館
E 猛獸館
鐘塔
西門
B 海豹館
A 企鵝館
休憩廣場
旭山動物園Club正門SHOP
水鳥村(夏季限定)
往旭川站、旭川機場巴士站
モグモグプラット
正門
往旭川站、旭川機場

Zzz 有些動物冬天看不到

由於冬天有時會降到零下20度，因此會看不到如水豚、雲豹等動物，猴舍、水鳥村等也會關閉。

爬坡累了就搭免費的東門接駁巴士

東門有長達200m的階梯，巴士每15分一班繞行東門到猴舍間。

有效率3小時參觀行程

若貪心地想看遍熱門展示及重點展示，何不參考以下行程？ Ⓐ～Ⓓ有時會大排長龍，記得多留點時間。

- Start 正門
- ▼ 步行5分
- Ⓐ 企鵝館
- ▼ 步行1分
- Ⓑ 海豹館
- ▼ 步行1分
- Ⓒ 北極熊館
- ▼ 步行2分
- Ⓓ 長頸鹿舍・河馬館
- ▼ 步行3分
- Ⓔ 猛獸館
- ▼ 步行1分
- Ⓕ 小獸欄
- ▼ 步行2分
- Ⓖ 狼之森
- ▼ 步行1分
- Ⓗ 蝦夷鹿之森
- ▼ 步行4分
- Ⓘ 紅毛猩猩館
- ▼ 步行2分
- Ⓙ 黑猩猩館
- ▼ 步行1分
- Ⓚ 蜘蛛猴、水豚館
- ▼ 步行15分
- Goal 東門

旭山動物園的官網「http://www5.city.asahikawa.hokkaido.jp/asahiyamazoo/」去之前確認一下吧。

流暢的泳姿令人感動 一定要看的4大熱門展示

從各種角度觀察企鵝、海豹、北極熊，以及河馬、長頸鹿等動物。在接近野外的環境中展現既自由又華麗的姿態，十分壯觀。

※MAP Ⓐ～Ⓓ請參照P111

企鵝館

MAP A

共有國王企鵝、巴布亞企鵝、漢波德企鵝、跳岩企鵝四種。除了必看的水中隧道，積雪時還會舉辦讓企鵝在雪上行走的可愛「企鵝散步」活動。

●正門步行5分

餵食秀

1日約2回。由飼育解說員講解企鵝吃魚的方式與行為。

Check Point

室內放養處 ③
室外放養處 ②
① 水中隧道
入口
出口

剪影
十分美麗！

①水中隧道
有"空中飛的企鵝"的美譽，可完整欣賞企鵝快速游泳的姿態。

②室外放養處
可觀察企鵝搖搖擺擺走路的姿勢，以及從水中躍出的敏捷動作。

③室內放養處
在秋～冬企鵝孵化期，可參觀品種不同企鵝的孵卵方式。

①海洋通道（圓柱形水槽）
連接大水槽的高約3m，直徑約1.5m的知名水槽。

②大水槽
也記得看看可感受夢幻水中一景的凹面窗吧。

③室外放養處
海豹們巧妙的用腹部滑行移動，靈活的避開裝飾用的漁船。

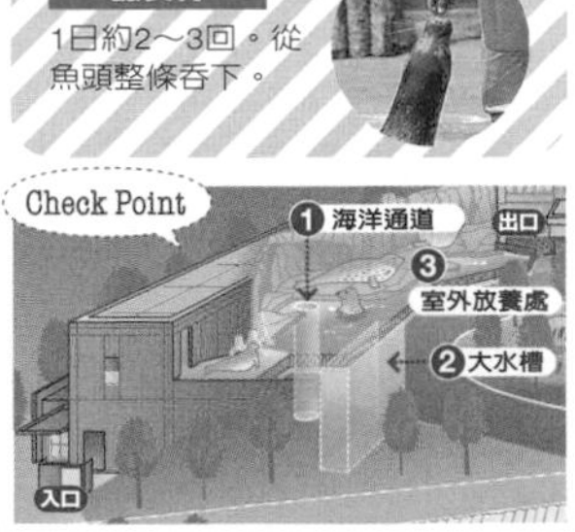

海豹館

MAP B

記得看看棲息於北海道近海的斑海豹！除了大水槽，在室外仿造北海道漁港的室外放養區，還可欣賞共生展示的海鷗和白尾海鵰。

●正門步行6分

餵食秀

1日約2～3回。從魚頭整條吞下。

Check Point

① 海洋通道
出口
③
室外放養處
② 大水槽
入口

MAP C

北極熊館

純白的長毛隨風飄逸，跳進水中的姿勢震撼力十足！可從大水槽觀察水中游泳，或是利用地道通往放養區內，從沒有柵欄圍著的海豹窗，觀察他們在陸地上行走的模樣。

●正門步行7分

Check Point

❶大水槽
跳進水中時震撼力十足，但下水後動作十分優雅。

餵食秀
1日約2回，於大水槽進行。北極熊在水中扭動身軀進食。

❷海豹窗
從這個圓頂窗，能感受捕食關係中被獵食的海豹視野

MAP D

長頸鹿舍、河馬館

河馬館中，能由下往上觀察河馬在水中悠游的景象，長頸鹿舍則可以同樣的高度跟長頸鹿面對面，可從各種角度觀察動物。兩館的內部有相通。 ●正門步行10分

初次
體驗跟長頸鹿
面對面

❶長頸鹿室外放養場
可在高起的觀察區，與長頸鹿對看

餵食秀
不定期舉行長頸鹿、河馬的餵食秀。會將樹葉綁在長棍上偽裝成樹木讓長頸鹿食用

Check Point

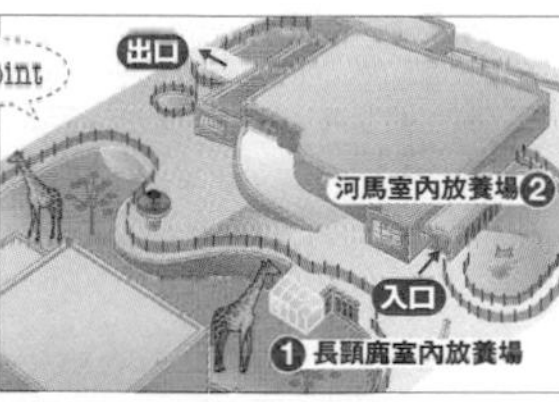

❷河馬室內放養場
可從壓克力板製作、深3m的池子四周觀察在水中游泳河馬。

還有更多動物大集合！前往點子滿滿的展示館

除了4大熱門展示設施，園內還有許多重要景點。來欣賞悠閒度日動物們天真可愛的動作吧。

※ Ⓔ～Ⓚ的MAP請參照p111

小獸欄（小貓熊） MAP Ⓕ

在雲豹等動物棲息地小獸欄中最值得一看的是小貓熊。可從正下方欣賞牠們橫越吊橋的樣子。用兩隻手吃竹子的樣子也十分可愛。

●正門步行8分

小貓熊喜歡的食物是竹葉和蕃薯

zoom UP

▲剛開園時最有機會見到小貓熊來來回回走吊橋的身影

注意看這個行動展示

小貓熊會邊踏爪子邊通過離地3.5m，全長約11m的吊橋。

狼之森 MAP Ⓖ

可看到棲息在小山丘上，時而仰天長嘯的東加拿大狼。由於是夜行性動物，在閉館前前往較能看見他們活躍的樣子。

●正門步行10分

在大自然中是相生相剋的關係

注意看這個行動展示

從魚板狀的瞭望窗戶，可近距離觀賞目光銳利的狼。

▲有岩石與小河，被狩獵關係的「蝦夷鹿之森」就在隔壁

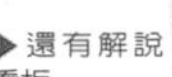

▶還有解說看板

▼在高約6m的假山上做日光浴

蝦夷鹿之森 MAP Ⓗ

從橋上或挑高的觀察室下方，欣賞牠們進食及靈巧跳躍移動的輕盈姿態。

●正門步行10分

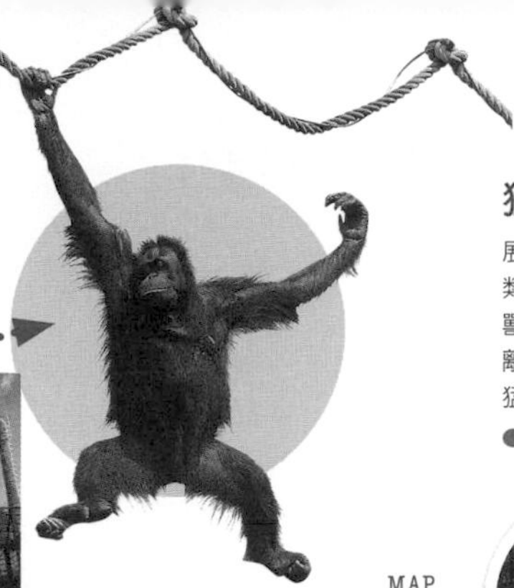

使用手腳的指
頭輕巧移動的
身影令人讚嘆

紅毛猩猩館

MAP I

根據紅毛猩猩在樹上生活的習慣打造，可在屋外放養區觀察牠們在圓形攀爬架間空中散步的身影。此外，牠們在沒有柵欄及玻璃窗的館內也十分活躍。

●正門步行15分

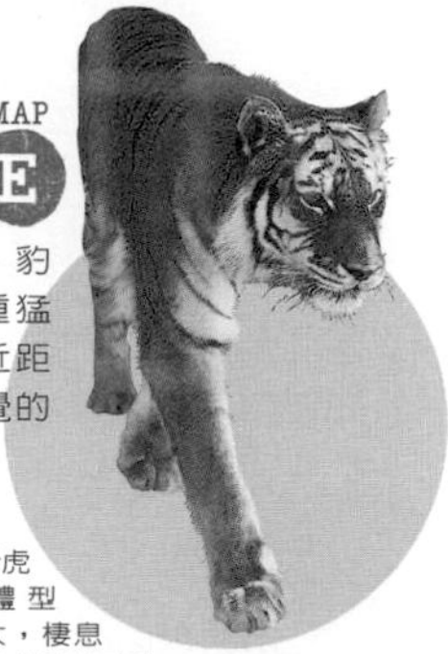

注意看這個行動展示

[illegible]

猛獸館

MAP E

展出獅子、老虎、豹類、蝦夷棕熊等6種猛獸。館內設計成可近距離觀察白天都在睡覺的猛獸們的構造。

●正門步行7分

▶老虎中體型最大，棲息於最北邊的東北虎

◀可近距離觀賞在鐵絲網上睡覺雪豹

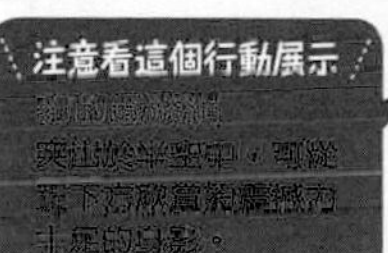

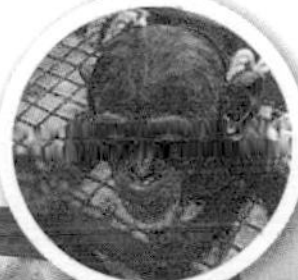

▶在室內有機會見到小寶寶

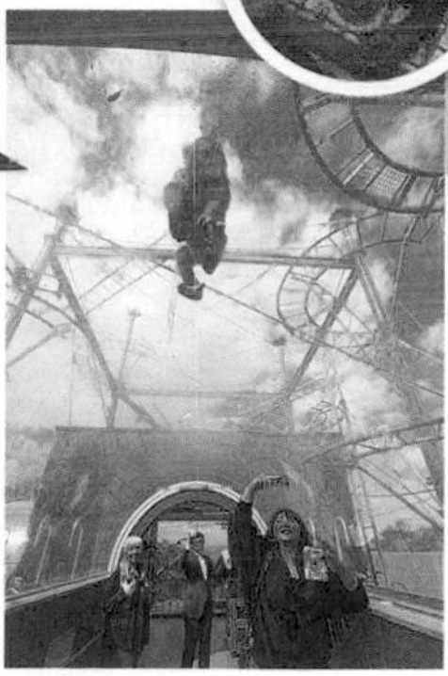

注意看這個行動展示

[illegible]

黑猩猩館

MAP J

分為可透過玻璃窗近距離觀察的室內，以及有遊樂器材、爬繩、高約16m鐵柱環繞的室外放養區二邊展示。

●正門步行13分

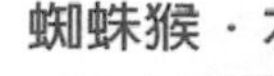

蜘蛛猴・水豚館

MAP K

以共生的方式展示棲息在中南美洲同樣棲地的蜘蛛猴與水豚。大多時間都是一邊在樹上、一邊在水邊的場景，偶爾也會稀奇地在同處一起進食。

●正門步行15分

▲尾巴細長為特徵的蜘蛛猴與屬齧齒類動物的水豚共處一室的情景

人氣動物專欄 2

看著看著就被治癒了♪動物指南

白掌長臂猿
2014年6月有猴寶寶誕生。
MAP P111中央上

日本猴
相親相愛互相理毛
MAP P111中央上

迷你鴨
小小的身軀與洪亮的叫聲是最大特徵！
MAP P111左上

丹頂鶴
以優雅的姿態悠閒漫步中。
MAP P111中央右

環尾狐猴
做日光浴的身影超可愛。
MAP P111右上

北極狐
純白的冬毛毛茸茸的。
MAP P111中央右

在冬季紅毛猩猩、大猩猩、蜘蛛猴、白掌長臂猿改為室內展示。

午餐&伴手禮入境隨俗來點旭山動物園風格吧

園內可享用使用北海道產食材烹調的各式菜餚。
還有各種動物造型的可愛原創商品，可買來當入園紀念伴手禮。

肚子餓了就吃這個！外帶美食

米漢堡 300日圓 Ⓓ
有烤肉（牛肉）以及豬肉丼兩種口味。

湯咖哩套餐780日圓 Ⓒ
A套餐為湯咖哩搭配馬鈴薯泥和白飯。B套餐則是將白飯換成奶油飯。

JUN DOG 400日圓 Ⓒ Ⓓ
以飯將炸蝦、炸雞等包捲起來的飯糰，是旭川市民日常生活中不可或缺的料理。

飯後的享受♡美味甜點

巧克力蛋糕條&南瓜蛋糕條 各190日圓 Ⓒ
特徵是有著綿密口感，外包裝上畫著企鵝圖案。

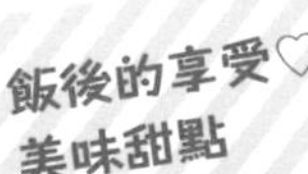

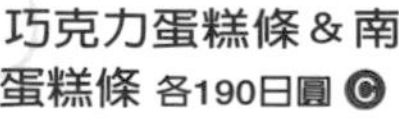

在草地上溫暖曬太陽♪露天野餐

剛出爐麵包
1個160日圓～ Ⓒ
享用各種剛出爐的菠蘿麵包（照片）170日圓～，紅豆餡可頌250日圓等。

動物造型餅乾
1片140日圓 Ⓓ
有海豹、老虎、綿羊、猴子等10種動物造型的餅乾。

送給自己的特別伴手禮

會出現什麼呢? Capsule ZOO

於正門、中央休息區附近販售的旭山動物園限定扭蛋，是由模型界之王．海洋堂原創設計。

模型1個300～400日圓

水豚玩偶

(大) 870日圓 (小) 650日圓 CD

超級可愛的表情十分受歡迎。還有長毛款等多種選擇。

原創髮圈 各324日圓

CD

以動物園中的人氣動物為設計靈感的髮圈。也有水豚的圖案。

動物圖釘

一張7枚　324日圓 CD

以北海道梨木製成的溫馨圖釘組。

阿部吊飾

各570日圓 CD

曾當過飼育員的繪本作家．阿部弘士所繪的插圖為設計原型。

旭山動物園Club官方拉麵3入組合

810日圓 C

可享受昆布醬油、鹽味帆立貝、蝦味增3種口味的組合。

旭山動物園資料夾

各258日圓 ABC

使用動物園護照上的圖樣。不論是在學校或是工作場所都會令人會心一笑。

是誰呢？T恤 紅毛猩猩

2600日圓（兒童尺寸） CD

看起來像背著紅毛猩猩一般的T恤。也有大人的尺寸。

※下列商店的營業時間與店休日準同旭山動物園。

SHOP DATA

旭山動物園官方商店 A

列著旭山動物園的Capsule Zoo、資料夾、信箋組等動物迷們喜愛的官方商品。

☎0166-36-0616 MAP P111 中央上 ●正門步行20分

テイルン・テイル B

穿過東門即到。集結動物玩偶等種類豐富的雜貨。

☎0166-36-0088 MAP P111 右上 ●正門步行20分

旭山動物園Club 正門SHOP C

販售官方商品。附設販售剛出爐麵包的麵包坊。

☎0166-36-5181 MAP P111 中央下 ●正門步行3分

旭山動物園Club 東門SHOP D

附設阿部弘士畫廊的官方商品商店。

☎0166-36-5171 MAP P111 中央上 ●正門步行17分

Capsule ZOO為開園當初就很受歡迎的熱門塑膠玩具。現在販售的是第1、3、5系列，共有17款。

北海道4大拉麵之一 名產旭山拉麵美味到令人咋舌

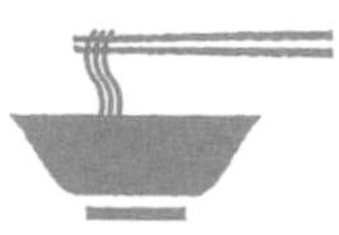

因應當地寒冷氣候，旭川拉麵的主流為重口味濃郁醬油湯頭。
從老字號到口味獨特店家，選擇多樣，一定要試試當地的好味道。

清爽口感
與濃郁風味

旭川らぅめん 青葉

醬油拉麵 750日圓

大片叉燒軟嫩入口即化，微捲的店家自製麵條吸滿湯汁。

旭山動物園開車15分

あさひかわらぅめんあおばほんてん

旭川らぅめん青葉本店

研發出適合旭川風土湯頭的第一代店主，於昭和22年（1947）開始經營拉麵攤，是旭川拉麵的先驅。使用山珍與海味的雙重湯頭，並加入蔬菜熬煮的特製拉麵湯，是創業至今不變的好味道。

☎0166-23-2820 住旭川市2条8丁目緑橋ビル名店街1樓 ⏲9時30分～19時50分LO（週日，假日為9時～18時50分LO。營業時間中可能有休息）休週三（逢假日則為翌日休） 交JR旭川站步行8分分 P無 MAP P119A1

什麼是旭川拉麵？

配合喜歡重口味的旭川人研發的醬油拉麵，最大特色是為了不讓湯一下就冷掉，表面會淋上一層豬油。湯頭為豚骨搭配海鮮的混合湯頭，與含水量低的捲麵十分相配。「旭川拉麵」的名號是到戰後才慢慢固定下來。

旭山動物園開車15分

ばいこうけん ほんてん

梅光軒 本店

不僅在北海道，在海外也有分店的知名店家。豬雞與海鮮雙湯頭，雖然偏重口味，但喝完後的餘韻十分清爽。與比一般麵更捲的中細捲麵是絕配。

☎0166-24-4575 住旭川市2条8丁目買物公園ピアザビル地下1樓 ⏲11時～20時30分LO（週日、假日為～20時LO） 休不定休 交JR旭川旭川站步行6分 P利用簽約停車場（消費1500日圓以上1小時免費） MAP P119A1

加100日圓
就有糖心蛋！

醬油拉麵730日圓

[illegible]的特製醬油醬汁，與雙湯頭結合的多層次口感為最大特色。

旭川拉麵的人氣商店齊聚一堂

「旭川拉麵村」集結了青葉及梅光軒等8間旭川代表性拉麵店。每間店皆提供減半份量，可各處點餐比較。

☎0166-48-2153 MAP附錄P14B1

最後加入的豬背脂
讓湯頭風味與餘韻
更上一層樓!

醬油拉麵　750日圓
最後加入的焦香豬油味道香濃，湯頭增添獨特風味。

旭山動物園開車15分

はちや ごじょうそうぎょうてん

蜂屋 五条創業店

昭和22年（1947）創業的老字號。湯頭為旭川拉麵傳統的豚骨及海鮮雙湯頭，海鮮香氣會在口中散開。

☎0166-22-3343 住旭川市5条通7丁目右6号 ⏰10時30分～19時50分LO 休無休 交JR旭川站步行15分 P6輛 MAP P119A1

醬油拉麵　750日圓
看似濃郁的拉麵的雙重湯頭，意外地口感清爽。

旭山動物園開車13分

らーめんみかづき

らーめん三日月

當地的拉麵愛好者常光顧的店。可感受到湯頭原味的無雜質雙湯頭，以及偏直麵的中粗麵風味絕佳。

☎0166-35-1510 住旭川市3条通22丁目1973 西屋ビル1樓 ⏰11～15時、17～21時（湯頭售完即打烊） 休週一（逢假日則為翌日休） 交JR旭川站開車5分 P7輛 MAP附錄P14B1

黑味噌 756日圓
添加的調味料富含維他命，店家自製叉燒與糖心蛋都很美味。

旭山動物園開車5分

らーめんせんかくさび

ラーメン専科くさび

招牌為使用從全日本進貨的味噌調和而成的「黑」「赤」等5種味噌拉麵。每種都很濃郁卻不膩，十分美味。

☎0166-36-6218 住旭川市東旭川北1条4丁目1-28 ⏰11～15時、17～20時 休週二（逢假日則為翌日休） 交JR旭川站開車20分 P15輛 MAP附錄P14B1

北海道3大拉麵為旭川拉麵、札幌拉麵、函館拉麵。再加上釧路拉麵為北海道4大拉麵。

花田與取景地點巡禮 美瑛～富良野兜風之旅

擁有北海道獨特的一望無際美景，是廣告及日劇中常出現的場景。7～8月花田特別美麗，可欣賞到令人感動的美景。

在美瑛的拼布之路尋找電視上看過的"那棵樹"吧

❶大在遼闊山丘上獨自矗立的七星之樹 ❷ZERUBU之丘・亞斗夢之丘上花朵形成的彩帶色彩繽紛 ❸Ken與Mary之樹為樹高約31m的白楊木 ❹可從山丘下及花田之路等處欣賞到的親子樹

美瑛的代表性觀光花田

ぜるぶのおか・あとむのおか

ZERUBU之丘・亞斗夢之丘 ❷

可遠眺Ken與Mary之樹的花園。花季為5～10月。前往亞斗夢之丘也可搭接駁車500日圓。

☎0166-92-3160 住美瑛町大三 ¥免費入園 ◷8時30分～17時 休4月中旬～10月中旬營業，開放期間中無休 交JR美瑛站開車3分 P120輛 MAP附錄P15B1

山丘巡禮的必訪景點

けんとめりーのき

Ken與Mary之樹❸

於昭和47年（1972）Nissan汽車「愛的天際線 Ken與Mary」廣告中出現的樹。此後就被稱為Ken與Mary之樹。比起近看，從稍微遠一點的地方，欣賞效果更好。注意別踩入花田裡。

☎0166-92-4378(美瑛町觀光協會) 住美瑛町大久保協生 ¥◷休無 交JR美瑛町開車4分 P30輛 MAP附錄P15B1

別錯過美瑛風格的山丘風光

せぶんすたーのき

七星之樹 ❶

為昭和51年（1976）印在七星牌香煙包裝上的柏樹。在擁有一望無際色彩各異農田的山丘上，柏樹孤獨矗立的身影，讓人更加感受到北海道悠閒的氣氛。

☎0166-92-4378(美瑛町觀光協會) 住美瑛町北瑛 ¥◷休無 交JR美瑛町開車8分 P30輛 MAP附錄P15A1

山丘上相依偎的3棵大樹

おやこのき

親子樹

夾在兩株大樹間的小樹彷彿親子般，因而得名。兩棵大樹樹齡約90年，中間的小樹約60年，皆為柏樹。由於位於田中央，絕對不可進入農田中，建議從路上觀賞。

☎0166-92-4378(美瑛町觀光協會) 住美瑛町夕張 ¥◷休無 交JR美瑛町開車7分 P無 MAP附錄P15A1

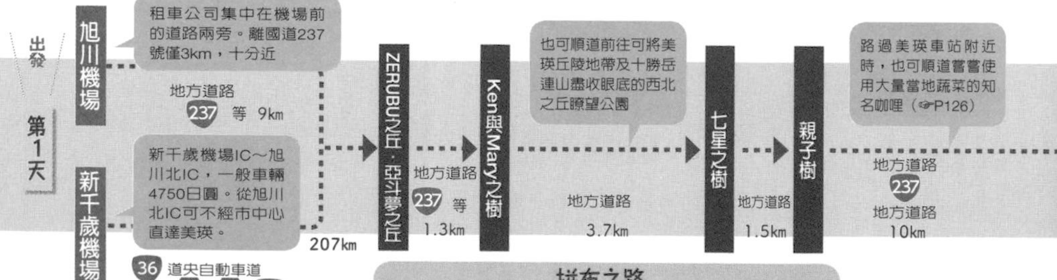

景色超群！美瑛的全景之路兜風

❺5～10月有數十種花朵綻放的四季彩之丘 ❻向全世界介紹美瑛風光的前田真三相片館，拓真館 ❼可將美瑛與十勝岳連山盡收眼底的千代田之丘瞭望台 ❽在田野斜坡上靜靜佇立的聖誕樹

以夕陽聞名的名勝景點

くりすますつりーのき

聖誕樹 ❽

由於外觀近似聖誕樹而得名，是全景之路的代表性樹木。由於從東側可看見樹的全景，許多人會以美麗的夕陽為背景拍照。請勿踏入田地，從道路上參觀即可。

☎0166-92-4378（美瑛町觀光景點）住美瑛町美馬牛 ¥🕒休無 交JR美馬牛站開車4分 P無 MAP附錄P15B3

欣賞風景、花，和羊駝

しきさいのおか

四季彩之丘 ❺

美瑛規模數一數二的觀光花田。除了五彩繽紛的花卉，可遠眺十勝岳連山雄壯風景也是魅力所在。腹地內還有羊駝牧場。冬天則為雪地摩托車場。

☎0166-95-2758 住美瑛町新星第3 ¥免費入園 🕒8時30分～18時（4･5･10月為9～17時、3･11月為9時～16時30分、12～2月為9～16時）休無休 交JR美馬牛站開車3分 P100輛 MAP附錄P15B4

介紹四季不同的美瑛

たくしんかん

拓真館 ❻

攝影師前田真三與兒子晃的照片展示館。周圍有白樺步道，7月中旬可欣賞薰衣草田。

☎0166-92-3355 住美瑛町拓進 ¥免費入館 🕒5～10月の9～17時、4･11～1月の10～16時 休開放期間中無休（2016年為1月25日～4月1日休館）交JR美馬牛站開車7分 P80輛 MAP附錄P15C4

一望無際的景色值得一看

ちよだのおかみはらしだい

千代田之丘瞭望台

可將田園風景及十勝岳連山盡收眼底的美景景點。360度的美景被譽為美瑛第一。山丘上的觀景台上有瞭望塔。

☎0166-92-1718（洽詢9時30分～19時30分）住美瑛町春日台 ¥🕒休自由入園 交JR美馬牛站開車10分 P40輛 MAP附錄P15C3

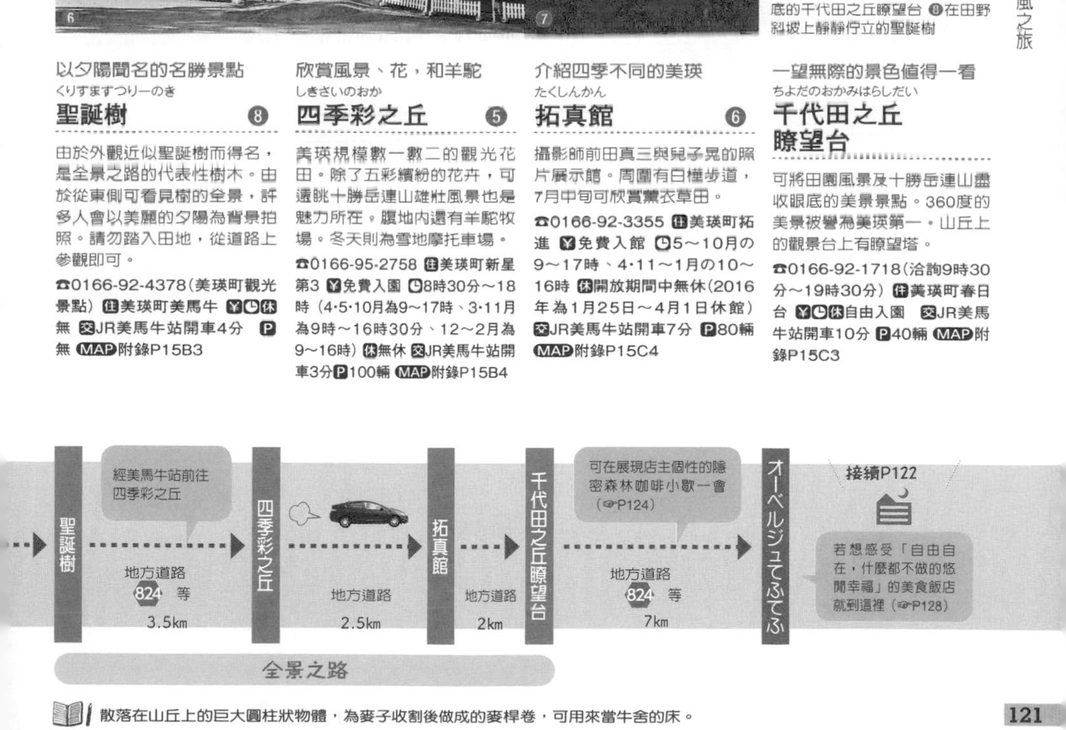

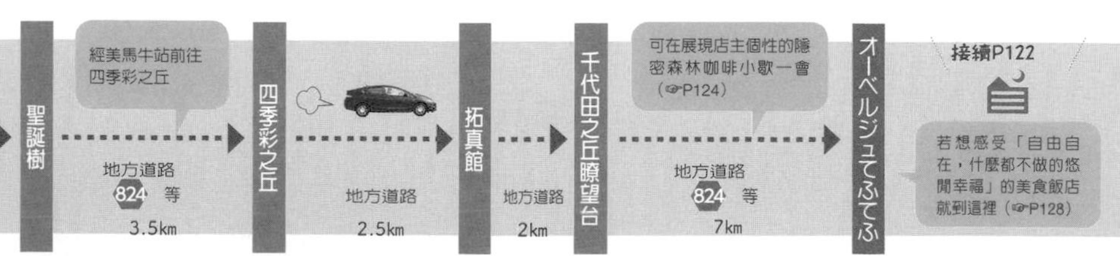

 散落在山丘上的巨大圓柱狀物體，為麥子收割後做成的麥桿卷，可用來當牛舍的床。

代表富良野的富田農場的薰衣草田

想看薰衣草田就到這裡

ふぁーむとみた
富田農場

每年約有80萬人造訪的富良野代表性薰衣草田。腹地內除了有7月中~下旬盛開的6萬m²薰衣草田，還有可參觀精油及香水製造過程的「香水舍」。可嘗到薰衣草口味甜點的餐廳及商店也都很受歡迎。

☎0167-39-3939 住中富良野町基線北15号 ¥免費入園 ⏰各設施為8時30分~18時(因設施、季節有所調整) 休無休(因設施有所變動) 交JR中富良野站開車4分 P180輛 MAP附錄P14B3

富田農場內最早的傳統薰衣草田

◀如彩虹般的五彩花田

❶加入天然薰衣草萃取物的薰衣草霜淇淋300日圓 ❷春日五彩花田的最佳觀賞期為薰衣草季之前的6月上旬 ❸薰衣草香包，薰衣草插圖432日圓 ❹香香氣清爽的薰衣草可爾必思260日圓

還有更多其他的薰衣草田!

從農耕機巴士上參觀

ふらわーらんどかみふらの
Flower Land kamifurano

擁有廣達15萬m²腹地的國內最大規模花田。還提供觀景農耕機巴士500日圓。☎0167-45-9480 MAP附錄P14B3

搭乘纜車欣賞風景!

なかふらのちょうえいらべんだーえん
中富良野町營薰衣草園

搭乘纜車來回300日圓，從山頂眺望中富良野的田園風光吧。☎0167-44-2123(中富良野町產業建設課) MAP附錄P14B4

一望無際的薰衣草田

らべんだーいーすと
薰衣草東部

專門生產薰衣草精油及乾燥花的花田，僅7月對外開放。☎0167-39-3939(富田農場) MAP附錄P14B4

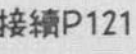

接續P121

第2天

オーベルジュてふてふ

道道824號會在美馬牛接國道237號。也可經道道353號，至上富良野接國道237號。

◀Flower Land kamifurano

824 237 等 27km

富田農場

◀中富良野町營薰衣草園

◀薰衣草東部

地方道路 237 38 等 14km

薰衣草田

經過富良野車站附近時，可停下來品嘗使用講究當地食材熬煮的知名咖哩！(☞P127)

兜風的最後來到以富良野為舞台的取景地點

❶適合拍攝紀念照的地點「五郎石造小屋」❷繁花豔麗的英式庭園－風之花園❸富良野戲劇館內擺設的鐵製火爐，營造出懷舊氣氛❹在日劇中出現的有鋼琴的風之花園溫室

❺以劇中出現的櫃檯座位聞名的知名咖啡廳 森の時計

❻甜點加咖啡的蛋糕套餐1240日圓

❼『風之花園』的原創圍裙3724日圓～，於戲劇館販售

❽也販售『溫柔時光』中拓郎使用的馬克杯（大）6480日圓

緒形拳遺作的舞台

かぜのがーでん

風之花園 ❷❹

為了拍攝2008年上映的同名日劇，費時兩年搭建的英式花園。

☎0167-22-1111（新富良野王子大飯店）住富良野市中御料 ¥入園800日圓 ⏲4月下旬～10月中旬8時～最後受理17時30分（因季節、天候有所調整）休期間中無休 交JR富良野站開車10分，風之花園店家接駁車3分 P390輛 MAP附錄P14B4

因「溫柔時光」聞名的店家

こーひー もりのとけい

珈琲 森の時計 ❺❻

倉本聰的電視劇『溫柔時光』中男主角開的咖啡廳。拍攝完畢後維持原樣繼續營業。與劇中相同，在吧檯座位可自己磨咖啡豆。

☎0167-22-1111（新富良野王子大飯店）住富良野市中御料 ⏲12～20時LO 休無休 交JR富良野站開車10分，從新富良野王子大飯店步行5分 P390輛 MAP附錄P14B4

販售多種原創商品

ふらの・どらまかん

富良野・戲劇館 ❸❼❽

販售以富良野為舞台的倉本聰一系列3部電視劇原創商品。

☎0167-22-1111（新富良野王子大飯店）住富良野市中御料 ¥免費入館 ⏲9時15分～18時45分（7・8月為8時15分～20時45分）休因季節有不定休 交JR富良野站開車10分，新富良野王子大飯店腹地內P390台 MAP附錄P14B4

山腳小鎮的代表性觀光景點

ごろうのいしのいえ

五郎石造小屋 ❶

到『來自北國'95 秘密』最終回為止，黑板五郎居住的小屋。異國風光般的外觀，是用田裡挖到的大量石頭建造的，十分環保。

☎0167-23-3388（富良野觀光協會）住富良野市東麓鄉3 ¥入場500日圓 ⏲9時30分～18時（因季節有所調整）休無休（11月下旬～4月下旬，積雪期間休息）交JR富良野站開車30分 P100輛 MAP附錄P14C4

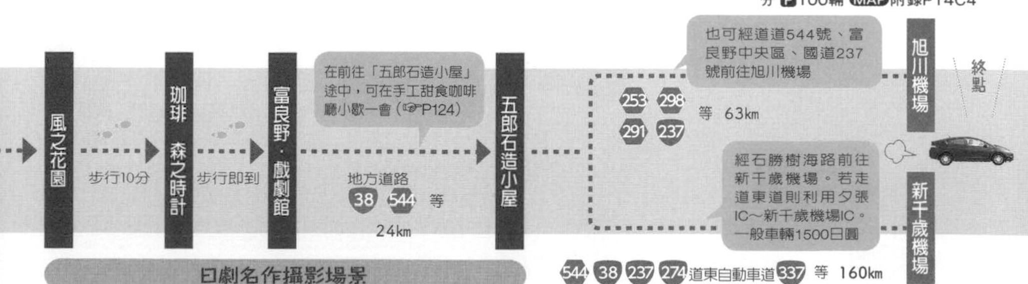

國道237號旭川～占冠間路段被稱為花人街道，沿路的花田十分美麗，是北海道美景道路的代表。

兜風途中順道晃晃 推薦的景觀咖啡廳與餐廳

在美瑛與富良野，有許多隱身在森林與山丘等大自然間的秘密基地咖啡廳。
可在洋溢悠閒氣氛的店裡，放鬆地享用午餐或甜點。

從全景之路「聖誕樹」步行10分

▲與周圍的綠蔭相輝映的餐廳建築。眼前是一片寬廣的小麥田
◀使用店內的柴燒窯烘培的麵包約有17種。也可以只購買麵包

美瑛

れすとらん びぶれ

Restaurant bi.ble

附設麵包烘焙坊的餐廳旅館

利用舊北瑛國小校地改裝而成的旅館，可以只去旅館餐廳內用午、晚餐。食材以美瑛產的為主，可享用加入大量蔬菜的法式料理。使用店內的窯烤出來的麵包，也是使用美瑛產的小麥下去製作。

☎0166-92-8100 住美瑛町北瑛第2 北瑛小麦の丘内 ⏰11～15時LO、17時30分～19時30分LO（麵包工坊為10時～售完即打烊） 休週二（冬季為僅營業週五～日且縮短營業時間，7、8月無休） 交JR美瑛站開車10分 P20輛 MAP附錄P14B3

推薦的午餐

午間全餐 2600日圓

全餐內容有隨季節更替的前菜、油炸料理、肉料理、蔬菜以及甜點。

美瑛

てづくりぱんかふぇ ぴくにっく

手作りパンカフェ picnic

店主夫妻親切款待

使用剛出爐的手工麵包製作的漢堡及三明治廣受好評，可外帶。使用大量當地食材，無論滋味或份量都沒話說。也有洋芋片等，配合季節推出的附餐。可從店內的吧檯座位欣賞美景。

☎0166-92-5919 住美瑛町美沢共生 ⏰11～17時 休週一、週二 交JR美瑛站開車12分 P6輛 MAP附錄P14B3

推薦的午餐

漢堡籃500日圓

肉汁飽滿的漢堡排配上濃稠起司和番茄的絕妙滋味。

從全景之路「聖誕樹」開車20分

▲被春榆樹環繞的綠色建築。還有舒服的室外座位
◀隨性以玩具及觀葉植物裝飾

使用美瑛產蔬菜烹調美味法國菜餚

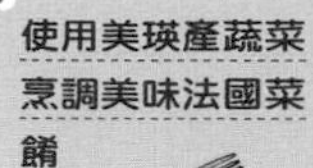

與「Restaurant bi.ble」（☞P124）同系列的「RESTAURANT ASPERGES」餐廳，可享用美瑛產色彩繽紛新鮮蔬菜所製成的法國料理。午餐全餐2600日圓～，晚餐全餐3600日圓～。
☎0166-92-5522 MAP P126A2

美瑛
かふぇどらぺ

Cafe de La Paix

使用伐木建造的小木屋

店主夫妻買下3000坪山林地，使用林地裡的日本落葉松自行建造的咖啡廳兼餐廳。店內飄散著木頭香氣，十分療癒。從窗內向外眺望，可見到蝦夷松鼠的身影。可品嚐瑞士家常菜・拉可雷特起司1人份2200日圓（2人以上才可點）也很受歡迎。

☎0166-92-3489 住美瑛町美沢希望19線 🕒10～18時(18:00後僅接受事前預約) 休週四（逢假日則營業）交JR美瑛站開車15分 P15輛 MAP附錄P14C3

手工蛋糕 500日圓
隨時準備外觀精美的手工蛋糕3種。搭配飲料套餐1000日圓。

▲溫暖的陽光從白樺林中灑落
◀桌子為手工製作，餐巾等從法國選購

富良野
かふぇごりょう

cafeゴリョウ

屋齡80年的倉庫令人一見鍾情！

古老倉庫改建而成咖啡廳。以自家栽種的蔬菜為主，提供使用大量北海道產蔬菜烹調的菜餚。午餐為每日更換特餐800日圓，相當受歡迎。

☎0167-23-5139 住富良野市上御料 🕒11時～19時30分LO 休週二 交JR富良野站開車10分 P8輛 MAP附錄P14B4

ゴリョウ三明治 900日圓
在自製的全麥麵包中夾入當季蔬菜及豆餅。

美瑛
どいつふうふぁーむきっさ らんどかふぇ

德式農場咖啡廳 Land Café

享受德國風味家庭料理與美景

位於「Mild Seven之丘」山腳下，由來自德國的史帝芬先生與他的夫人經營。使用大量自家種植蔬菜的西式料理頗受好評。

☎0166-92-5800 住美瑛町美田第2 交JR美瑛站開車10分 🕒10～17時 休4月中旬～11月上旬營業，營業期間為週二、三休 P10輛 MAP附錄P15A1

當季拼盤 880日圓
大量使用新鮮蔬菜的主菜，搭配裸麥麵包及沙拉。

美瑛與富良野終年都是熱門觀光區。由於人車雜沓，在玩樂之餘也要遵守交通規則以策安全。

在美瑛・富良野可品嘗到知名的當地咖哩美食

在主要蔬菜產地美瑛、富良野，洋蔥、馬鈴薯、紅蘿蔔的產量特別豐富。使用當地新鮮蔬菜烹調的名產咖哩，是最近知名度急升的當地美食。

料…使用美瑛產的刷刷鍋豬肉與當季蔬菜

飲料…當地產「美瑛牛乳」是必備飲品。

麵…使用100%美瑛產小麥粉「香麥」，口感十分有嚼勁。

咖哩…使用美瑛產豬肉高湯與美瑛產洋蔥，醇厚的口感獨具魅力。

滑順的麵條
搭配濃郁咖哩

美瑛咖哩烏龍麵 880日圓

為了振興當地經濟而誕生的餐點。吸附在麵條上的咖哩醬是絕妙口感。

美瑛

みちのえきびえい「おかのくら」こうむぎしょくどう

道の駅びえい「丘のくら」香麦食堂

休息站内的餐廳。改建字大正時期興建的石造倉庫，店内風情獨具。可盡情享用使用當地食材烹調的美瑛豬肉丼套餐950日圓及山丘咖哩飯各880日圓等當地美食。

☎0166-92-0920 住美瑛町本町1-9-21 ⓛ11時30分～14時30分LO 休無休 交JR美瑛站步行3分 P44輛 MAP P126B2

石牆外觀的店内也販售許多伴手禮

美瑛

ふぁみりーれすとらんだいまる

ファミリーレストランだいまる

就如餐廳名稱所述，店裡洋溢著可闔家前往的溫馨氣氛。每道菜都儘可能使用當地產米、肉、蔬菜，堅持地產地銷。

☎0166-92-3114 住美瑛町中町1-7-2 ⓛ11時～15時30分、17～20時 休週三 交JR美瑛站步行10分 P15輛 MAP P126B1

好入口的咖哩醬也
很適合小朋友◎

美瑛咖哩烏龍麵850日圓

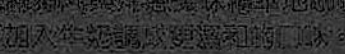

充滿豬肉與洋蔥美味精華的咖哩醬，再加入牛奶調成更濃郁的口味。

可享受富良野「食」的設施

「FURANO MARCHE」為透過當地的美味食品宣傳富良野魅力的設施。與鄰接著的「MARCHE2」，共計有20間可享受購物＆美食的店家。

☎0167-22-1001 MAP P127A2

店家自製香腸咖哩 1130日圓

[illegible]

富良野

ゆいがどくそん

唯我独尊

富良野的代表性老字號咖哩餐廳。店主費心研發的咖哩順口不刺激，有許多一再光顧的常客。在觀光旺季時常會大排長龍。在風情獨具的店內會播放藍調等音樂。

☎0167-23-4784 住富良野市日の出町11-8 ⏲11時～20時30分LO(7、8月的週一為～14時30分) 休週一(逢假日則為翌日休。7、8月為不定休) 交JR富良野站步行5分 P16輛 MAP P127A1

非常有特色的木造店門口

富良野

やまかしょくどう

山香食堂

洋溢家庭式氣氛的平民食堂。為了振興地方研發的富良野蛋包飯咖哩，可選擇白咖哩醬汁White或綜合醬汁Zebra。

☎0167-22-1045 住富良野市緑町9-20 ⏲11時～14時30分、17時～19時30分LO 休週日（7～9月無休） 交JR富良野站開車5分 P10輛 MAP 附錄P14B4

番茄醬炒飯的滋味令人懷念

富良野蛋包飯咖哩900日圓

[illegible]

富良野

かれーのふらのや

カレーのふらのや

店裡為白色基調的明亮氛圍。堅持使用北海道食材以及嚴選有機香辛料。午餐時段的咖哩可自由選擇湯咖哩或一般咖哩。

☎0167-23-6969 住富良野市弥生町1-46 ⏲11時30分～21時LO(11～4月為～20時30分LO) 休不定休 交JR富良野站步行15分 P10輛 MAP P127A2

道產蔬菜咖哩1080日圓

[illegible]

在富良野・美瑛廣域觀光中心（MAP P127B1）可索取富良野蛋包飯咖哩店家地圖。

在可沈浸在大自然中的特色飯店度過放鬆時光

美瑛與富良野除了有被大自然環繞、安靜適合大人的飯店，還有可闔家同樂的度假飯店等，住宿設施選擇豐富。

美瑛

おーべるじゅてふてふ

オーベルジュてふてふ

許多熟客會特地前來，享用可嘗到美瑛新鮮蔬菜及當季美食的晚餐。住宿限國中生以上，可在此度過安靜時光。還提供付露天溫泉的包租浴池。

☎0167-92-5137 住美瑛町美沢双葉 交JR美瑛站開車15分 ⊟有接送服務(需至少前一日預約) P10輛 ●木造2層樓全7室 ●2002年開業 ●浴池:包租2 MAP附錄P14C3

為大人特別設計的秘密基地 使用當季食材的料理是魅力所在

位於充滿自然美景的美瑛山丘上，擁有廣達4300m²的腹地。

✣1泊2食費用✣
平日、假日前日皆為19950日圓～
✣時間✣
IN16時，OUT10時

創作料理

使用北海道嚴選食材，融合日式與法式的全餐。

晚餐是這個!

富良野

しんふらのぷりんすほてる

新富良野王子大飯店

可將十勝岳連山盡收眼底的度假飯店。也有溫泉和購物商場等，樂趣多多的觀光據點。腹地內的「富良野・戲劇館」(☞P123)也很受歡迎。

☎0167-22-1111 住富良野市中御料 交JR富良野站開車10分 ⊟無接送服務 P390輛 ●鋼筋12層樓 全407室 ●1988年開業 ●浴池：紫影之湯(室內、露天浴池男女別各1) MAP附錄P14B4

除了溫泉與購物還有多樣設施的大型度假飯店

腹地內有許多日劇的拍攝場景

✣1泊2食費用✣
28072日圓～
✣時間✣
IN15時，OUT12時

季節菜餚

可享用四季不同的美味菜餚(照片為示意圖)

晚餐是這個!

富良野

ふらのほてる

フラノ寶亭留

在約35000坪的腹地上，原始林及季節花卉盛開的花田一望無際，自然資源豐富。晚餐為使用富良野食材及自家菜園蔬菜的法國料理。

☎0167-23-8111 住富良野市学田三区 交JR富良野站開車10分 ⊟無接送服務 P50輛 ●鋼筋3層樓 全25室 ●2006年開業 ●浴池:室內3、露天1 MAP附錄P14A4

可欣賞十勝岳與花田，奢華的放送療癒空間

6月下旬～7月上旬還可欣賞薰衣草花田

✣1泊2食費用✣
平日23220日圓
(因季節而異)
✣時間✣
IN15時，OUT11時

富良野法式料理

以結合「食」與「藝術」為理念的法式料理(照片為示意圖)

晚餐是這個!

事先了解旅遊基本情報
Travel Information

這裡將密集介紹前往天空入口．新千歲機場的交通方式、機場玩樂方式，
利用地鐵及步行就能逛遍札幌的觀光交通秘訣，
可與札幌同時造訪的觀光勝地交通方式，
擬定行程時的實用資訊等。

重新裝修後處處充滿樂趣 有效利用新千歲機場

彷彿北海道的展示櫥窗，新千歲機場設備充實魅力無窮。
當地美食、有名和菓子品牌、娛樂設施等景點應有盡有。

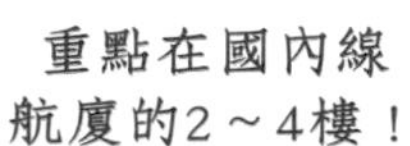

綠洲公園 4樓

有可觀賞3D電影的「Jaga Pokkuru電影院」，國內機場第一座付住宿設施的天然溫泉「新千歲機場溫泉」等，可讓大家在等飛機時度過愉快時光。還有商店與咖啡廳。

▶可享受露天浴池

美食世界 微笑之路 3樓

位於國內線3樓，有可邊欣賞飛機起降邊用餐的美食街。連接國際線和國內線的連結道路「微笑之路」上有許多娛樂設施及甜點店。

▶開放式美食街，有多達424個座位

購物世界 2樓

若要選購伴手禮，就到登機櫃檯所在地的2樓。農、海產品應有盡有的「特產直銷市場」及集結所有北海道內知名零食甜點大廠商品的「甜點大街」等，選擇豐富的商店並排林立。

▶2樓進駐約80間店

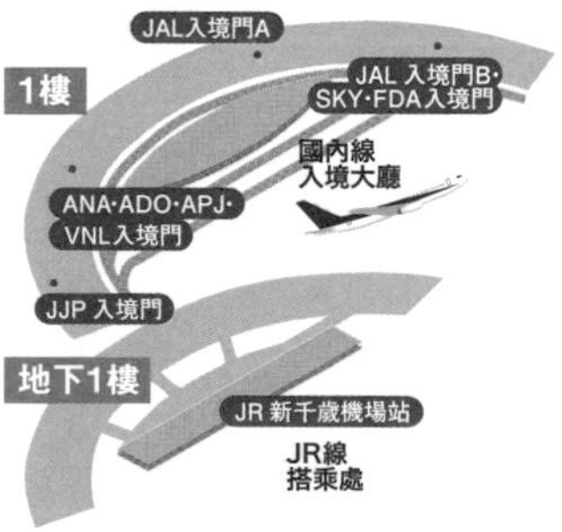

4樓
Ⓐ 新千歲機場溫泉
Ⓑ Jaga Pokkuru 電影院
展望台

3樓
Ⓒ 北海道拉麵道場
Ⓓ 市電通食堂街
Ⓔ 聯絡通道甜點區
Ⓕ Royce' Chocolate World
Ⓖ 哆啦A夢 SKY PARK
大空博物館
美食街
往國際線

2樓
Ⓘ 綜合伴手禮區
Ⓙ 手工雜貨區
Ⓚ 甜點大街
北海道特產直銷市場
往國際線
國內線出境大廳
登機門A 登機門B 登機門C 登機門D 登機門N

1樓
JAL入境門A
JAL 入境門B・SKY・FDA入境門
ANA・ADO・APJ・VNL入境門
JJP 入境門
國內線入境大廳

地下1樓
JR 新千歲機場站
JR線搭乘處

しんちとせくうこうたーみなるびる
新千歲機場航廈

☎0123-23-0111 住千歲市美々 ⏰6時20分～23時（因設施而異）休無休 交JR新千歲機場相通 P收費3930輛 MAP附錄P3C3

離登機時間

3小時以上

4樓

綠洲公園

充分享受這裡的娛樂活動！

✣在天然溫泉悠閒放鬆

しんちとせくうこうおんせん

新千歲機場溫泉 A

使用天然溫泉的機場溫泉設施。除了有使用溫泉源泉的室內浴池和露天浴池，還有岩盤浴等舒壓設備，以及住宿客房。洋溢和風情調的館內能讓大家忘卻旅途勞頓。有刺青的旅客無法入館。

☎0123-46-4126 ¥入浴1500日圓(深夜1時後另外加收深夜費用1500日圓) ◷10時～翌9時

1露天溫泉可欣賞夕陽 2入口前的紅傘為地標

✣上飛機之前可欣賞熱門電影！

じゃがぽっくるしあたー

Jaga Pokkuru電影院 B

日本國內機場第一座電影院，共有三個廳放映最新話題電影。還有3D放映設備，可盡情欣賞震撼力十足的畫面。若想放鬆欣賞，推薦可選VIP座位（+1000日圓）。

☎0123-46-4150(語音信箱服務) ¥電影票1700日圓 ◷9～24時(因作品而異)

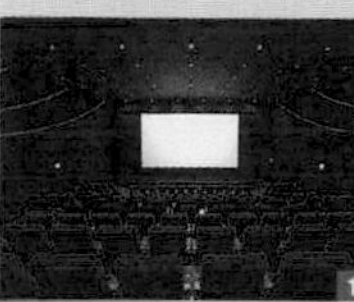

1備有大螢幕的VIP座位 2不看電影也可進來逛逛商店

2小時以內

3樓

微笑之路

的景點巡禮。

✣參觀巧克力工場

ろいず ちょこれーと わーるど

Royce' Chocolate World F

最大特色為可透過玻璃欣賞巧克力製作過程。還有擺滿各式原創商品的商店。

☎0120-612-453 ¥免費參觀 ◷8～20時(烘培坊為9時～、工廠為8時30分～17時30分。因時期而異)

介紹巧克力的原料與歷史

✣不論何時都樂趣滿點！

どらえもん わくわくすかいぱーく

哆啦A夢SKY PARK G

哆啦A夢主題體驗設施。除了可體驗各種遊樂器材的Park Zone（收費），商店及咖啡廳也很受歡迎。

☎0123-46-3355 ¥入場800日圓 ◷10～18時(最終入場～17時30分。因設施而異)

震撼力十足的巨大多啦A夢

1小時以內

2樓 3樓

享受北海道美食與選購伴手禮♪

來碗十勝名產豬肉丼吧!

☞詳情請Check P132

找找機場限定甜點

☞詳情請Check P133

30分以內

2樓

購物世界

在此購買機場便當前往登機門。

熱門海鮮便當內有滿滿的鮭魚與蟹肉

石狩鮨 950日圓

❶綜合伴手禮區

そらべんどうじょう そうえん

空弁道場 装苑 SOEN

☎0123-46-5833

◷7時～20時30分

色彩繽紛，共有7種一口大小的壽司

北海手まり寿司 880日圓

❶綜合伴手禮區

じつえんそらべん きたのみかく すずはな

実演空弁 北の味覚 すず花

☎0123-46-5939

◷7時～20時30分

加上便當另附的鮭魚卵，美味更上層樓

生火腿DE壽司 850日圓

❶綜合伴手禮區

きたのべんとうこうぼう かな

北の弁当工房 かな

☎0123-46-2036

◷7時～20時30分

從可看見飛機跑道的「展望台」，可欣賞飛機起降（天候不佳與冬季12～3月期間關閉）。入口在3樓。

上飛機前在機場好好享受北海道美食與選購伴手禮

肚子餓了就到3樓品嘗北海道各地的知名料理吧。
在各種不同商店並排的2樓選購伴手禮也樂趣無窮。

享用北海道當地美食

以透明感為賣點的清爽湯頭

from函館

味彩鹽味拉麵 780日圓

可喝到濃郁的昆布及干貝等北海道海產鮮甜滋味的透明湯頭十分受歡迎。麵使用細直麵。1

from十勝

使用特製醬汁燒烤的豬腰內肉

豬肉丼 972日圓

加上甜辣醬汁燒烤的十勝產豬肉，放在嚴選道產米煮成的白飯上。附醃漬小菜與味噌湯十分划算。2

充滿豐富蔬菜與瓜果風味的傳統好味道

from瀧川

羔羊蒙古烤肉套餐 1630日圓

可嘗到使用獨門醬汁醃製的"入味"羊肉蒙古烤肉。套餐附白飯、沙拉、味噌湯。3

湯底中番茄的酸味更添風味

from札幌

雞肉to蔬菜咖哩～佐鮮蝦燉湯～ 1430日圓

軟嫩的雞腿肉加上切成大塊的9種蔬菜及鵪鶉蛋，份量令人滿足。4

3樓 C 北海道拉麵道場
はこだてめんちゅうぼう あじさい しんちとせくうこうてん
函館麵厨房 あじさい 新千歳機場店 1
☎0123-45-8550
🕒10～20時

3樓 美食世界
どらいぶいんいとう ぶたどんせんもんてん「ぶたどんめいじん」
ドライブインいとう 豚丼専門店「豚丼名人」 2
☎0123-46-4200
🕒10時～19時45分LO

3樓 美食世界
まつおじんぎすかん まつじん しんちとせくうこうてん
松尾ジンギスカン まつじん 新千歳機場店 3
☎0123-46-5829
🕒10時～20時30分LO

3樓 D 市電通食堂街
すーぷかれーらび
スープカレーlavi 4
☎0123-21-8618
🕒10時30分～20時30分

機場限定 來點冰冰涼涼的甜點吧？

香草口味霜淇淋

冰凍優格
(ハニーエルダーフラワー)
324日圓

2樓 I 綜合伴手禮區
さまんさたばさすいーつあんどとらべる しんちとせくうこうてん
Samantha Thavasa SWEETS & TRAVEL 新千歳機場店
☎0123-45-6588 🕒8～20時

滿滿的紅豆等北海道美味

天空聖代
Sola Parfait
新千歲機場店限定
490日圓

2樓 K 甜點大街
みるくあんどぱふぇ よつばほわいと こーじ しんちとせくうこうてん
ミルク&パフェ よつ葉White Cosy 新千歳機場店
☎0123-46-2188 🕒8～20時

選購經典人氣&機場限定甜點作為伴手禮

新商品

YOSHIMI RUSK 巧克力法國麵包脆餅

3種各5片裝570日圓

巧克力法國麵包脆餅口味有宇治抹茶、白巧克力、苦甜巧克力3種。另外還有香氣濃郁的奶油口味北海道糖霜餅乾7片500日圓。5

經典人氣

六花亭 草莓巧克力（白・牛奶）

各115g 650日圓

將冷凍乾燥的酸甜草莓以巧克力包裹。脆脆的口感讓人無法抵抗。5

經典人氣

Fromage Double

1整個1728日圓

使用北海道產的小麥粉和鮮奶油、並加入嚴選自世界各地的起司，滋味豐富、香醇的起司蛋糕。6

加入馬斯卡彭
起司的鮮奶油

機場限定

カップシュー 夢風船

1個185日圓

外皮酥脆，內餡軟嫩的杯裝泡芙。將外皮弄碎，與香滑的鮮奶油內餡一起享用吧。7

新商品

北之散步道 夾心餅乾

8片裝648日圓

使用北海道特產的藍靛果果醬加上巧克力的夾心餅乾。另外也有仁木町產的櫻桃口味。8

使用嚴選食材的
正統巧克力

經典人氣

生巧克力〔牛奶〕 778日圓

Royce的招牌商品，入口即化的口感為最大魅力。牛奶巧克力與北海道鮮奶油融合成滑順的口感。9

2樓
Ⓘ綜合伴手禮區
えーえぬえー ふぇすた しんちとせくうこうろびーてん
ANA FESTA 新千歲機場大廳店 5
☎0120-464-616
🕒7時10分～20時30分

2樓
Ⓚ甜點大街
るたお しんちとせくうこう ちょくえいてん
LeTAO 新千歲機場直營店 6
☎0123-46-2250
🕒8～20時

2樓
Ⓚ甜點大街
きたかろう しんちとせくうこうてん
北菓楼 新千歲機場店 7
☎0123-46-2226
🕒8～20時

2樓
Ⓚ甜點大街
もりもと しんちとせくうこうてん
もりもと 新千歲機場店 8
☎0123-46-4181
🕒8～20時

2樓
Ⓚ甜點大街
ろいず しんちとせくうこうてん
Royce 新千歲機場店 9
☎0120-612-452
🕒8～20時

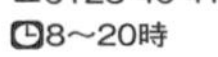

北海道土產館（2樓 J〈手工雜貨區〉）等處販售的泡澡劑「ハッカ湯」1包210日圓可單買，是方便的伴手禮。

出發吧！前往旅程的起點新千歲機場

搭乘直飛新千歲機場的班機是前往札幌最快、也是最方便的方式。
選擇適合自己的出發時間與優惠套票出發吧。

台灣直飛北海道

北海道最主要的門戶為新千歲機場，目前從台灣1天約有5～6班機直飛北海道。
以下整理出台灣直飛北海道的航班資訊。

CAL=中華航空　02-412-9000
EVA=長榮航空　02-2501-1999
TNA=復興航空　02-4498-123
TTW=台灣虎航　02-5599-2555
JAL=日本航空　0801-81-2727
ANA=全日空　02-2521-1989
CPA=國泰航空　02-2715-2333
VNL=香草航空　070-1010-3858
JST=捷星航空　0801-852-015
KLM=荷蘭皇家航空　02-7707-4701
DAL=達美航空　0080-665-1982
SCO=酷航　09-7348-2980
APJ=樂桃航空　02-8793-3209
UAL=聯合航空　02-2325-8868

●桃園國際機場→新千歲機場
CAL EVA TNA ANA
3小時35分～4小時
班次 5～6班／天

●高雄國際航空站→新千歲機場
CAL
約4小時
班次 5班／週

●桃園國際機場→函館機場
EVA TNA
約4小時
班次 3～7班／週

●桃園國際機場→旭川機場
TNA
約3小時45分
班次 2班／週

搭乘廉價航空（LCC）

成田機場、關西機場、中部機場有往新千歲機場的LCC班次。與既有航空公司的規定大不相同，要特別注意。

LCC交通資訊　（2015年10月）

出發地	機場	航空公司	班次 / 所需時間 / 票價	目的地
從東京	成田機場	JJP　APJ　VNL	1天6～8班 / 1小時45分 JJP=4190～34580日圓，APJ=3990～27290日圓，VNL=4990～22490日圓	新千歲機場
從名古屋	中部機場	JJP	1天2班 / 1小時40分 / 4290～35080日圓	新千歲機場
從大阪	關西機場	JJP　APJ	1天12～16班 / 1小時55分 JJP=4490～34680日圓，APJ=4890～33390日圓	新千歲機場

●搭乘LCC前先確認！

①機票票價僅包含「搭機」

LCC網站上標示的價格僅包含搭機費用。無論是機內餐點、托運行李、指定座位都必須額外付費。若抵達機場才加價會比較貴,在上網訂票時記得一起預約。

②請至少提早一小時抵達機場

LCC的最後登機時間往往會在起飛前45 60分，若時間超過就不能登機，要特別注意。此外可能位於與既有航空公司不同航廈，或是同航廈不同地點，最好提早1小時以上抵達機場。

③網路票價僅限當時

LCC網站的票價會依訂位狀況更動，有時只要再次連上就會不一樣。若覺得「很便宜」就立刻下訂比較保險。

2016年春季 搭乘新幹線前往北國的大地！！

北海道新幹線的新青森站～新函館北斗站區間已在2016年3月26日開通。中途經過青函隧道，約149km的區間，中途有「奧津輕今別」與「木古內」兩站。從東京出發的「はやぶさ」號最快預計4小時10分即可抵達。

北海道新幹線的H5系列車輛。「彩香紫」的線條，令人聯想到紫丁香和薰衣草花卉。

©Hokkaido Railway Company Series H5

新小樽站（暫定）　小樽　札幌站　千歲　俱知安站　苫小牧　登別　東室蘭　室蘭　長萬部站　八雲　新八雲站（暫定）　森　渡島大野　大沼　新函館北斗站　五稜郭　函館　江差　木古內站　青函隧道 約54km　大湊　奧津輕今別站　新青森站　青森　七戶十和田站　八戶站

小重點　若要開自家車到北海道兜風，可搭配長程渡輪

推薦給想自行開車玩遍北海道的人。長途遊艇上有不輸飯店的客房及設施，十分舒適。無障礙設施也很完備。

航線	出發時間	抵達時間	價位(2等)	車輛運送費用※	班次數	渡輪公司
八戶～苫小牧	8:45 / 13:00 / 17:30 / 22:00	16:00 / 20:15 / 翌1:30 / 翌6:00	5000日圓	25000日圓	1日4班	シルバーフェリー
仙台～苫小牧	19:40	翌11:00	8300日圓	26300日圓	每天	太平洋フェリー
大洗～苫小牧	18:30 / 0:45或1:45	翌13:30 / 19:45	8740日圓 11830日圓	26740日圓	1天1～2班	商船三井フェリー
新潟～苫小牧東	23:15	翌17:20	6480日圓	21500日圓	1週6班(周日休)	新日本海フェリー
新潟～小樽	10:30	翌4:30	6480日圓	21500日圓	1週6班(周一休)	新日本海フェリー
敦賀～苫小牧東	1:00	20:30	9570日圓	31370日圓	1天1班	新日本海フェリー
舞鶴～小樽	0:30	20:45	9570日圓	31370日圓	1天1班	新日本海フェリー

航空公司洽詢

●全日空（ANA）
☎0570-029-222
●日本航空（JAL）
☎0570-025-071
●Air DO（ADO）
☎03-6741-1122
●富士夢幻航空（FDA）
☎0570-55-0489
●天馬航空（SKY）
☎0570-039-283
●捷星航空（JJP）
☎0570-550-538
●樂桃航空（APJ）
☎0570-200-489
●香草航空（VNL）
☎0570-6666-03

方便的預約網站

●国内線.com
可查詢ANA.JAL的訂位情形或預約，也承辦飯店、租車業務。
http://www.kokunaisen.com/
●るるぶトラベル
可承辦機票、行程旅行團之業務。也可只預約飯店或租車。
http://rurubu.travel/

鐵路公司洽詢

●JR東日本（洽詢中心）
☎050-2016-1600
●JR北海道（電話客服中心）
☎011-222-7111

渡輪公司洽詢

●シルバーフェリー
☎0178-28-2018
●太平洋フェリー
☎052-582-8611
●商船三井フェリー
☎029-267-4133
●新日本海フェリー
☎06-6345-2921

※車輛運送費用為4~5m的一般自小客車之單程費用，內含駕駛1人的二等艙費用
◎價格、時刻表為2015年10月之資訊

介紹札幌觀光的訣竅

札幌範圍很大，從鐘塔等市中心區一直延伸到藻岩山等郊外景點。
但只要有效利用地下鐵及巴士就可輕鬆前往，完全不必擔心。

從新千歲機場前往札幌市中心

札幌市中心位於新千歲機場西北部約50km處，可搭火車或巴士前往。
若目的地為札幌站就搭JR，若為薄野或大通公園則搭巴士較方便。

ＪＲ機場快速列車

新千歲機場站～札幌站
需時37分
票價1070日圓

新千歲機場站位於機場航廈地下1樓。班次約15分一班，有全車對號座的u座位（加收310日圓）車廂。

前往市中心最快速的交通方式

機場接駁巴士

新千歲機場～札幌市中心
需時 1小時10分
票價 1030日圓

兩個售票櫃檯分別在入境樓層1樓的JAL及ANA處。班次約1小時4班。主要目的地為大通公園及市區主要飯店。

行李多時搭巴士較方便

鐵路洽詢

●JR北海道(新千歲機場站)
☎0123-45-7001

機場接駁巴士洽詢

●北部交通
☎0123-23-2095
●北海道中央巴士
☎0123-46-5666

地鐵最方便。市郊則搭巴士

札幌市中心觀光主要都以步行及地下鐵為主，羊之丘瞭望台等市郊景點則可搭地下鐵到最近車站，再轉乘巴士。

地下鐵

搭乘1次 200日圓～

市區有南北向的南北線與東豐線，以及東西向的東西線3條路線。其中南北線無論前往札幌車站周邊、大通公園、薄野、中島公園都很方便，是觀光的主線。班距為6～7分鐘。

南北線為主要觀光路線

さっぽろうぉ～く

搭乘1次 210日圓

繞行札幌站前（東急百貨南側）、札幌啤酒園、大通公園等市區主要景點，一圈約30分。札幌站前發車7時07分～23時07分，班距約20分。

終年行駛的便利循環觀光巴士

地下鐵洽詢

●札幌市交通局(交通服務中心)
☎011-232-2277

さっぽろうぉ～く洽詢

●北海道中央巴士
☎011-231-0500

※札幌市區在夏季（黃金週～10月末期間），有腳踏計程車（VELO Taxi）提供載客服務。與一般計程車一樣，只要招手即停車載客。起步費用（500m以內）為300日圓。預約☎011-788-5480（VELO Taxi札幌）。營運時間為10時～天黑（雨天停駛）。

小重點 **若需頻繁搭車也可購買1日乘車券**

若需頻繁搭乘地下鐵就買一日乘車券吧。有地下鐵專用的一日乘車券，還有能利用市營電車和巴士兩邊通用的一日乘車券，可依自身需求購買。

票卡名稱	使用條件	價格	購買處
地下鐵專用1日乘車券	地下鐵	830日圓	各地下鐵站售票機（部分除外）定期券販售處
ドニチカキップ	週六、日，假日的地下鐵	520日圓	
どサンこパス	週六、日，假日的市營電車	310日圓	市營電車內、大通定期券販售處
札幌市內1日乘車券	「さっぽろうぉ～く」，中央巴士210日圓、240日圓區間	750日圓	「さっぽろうぉ～く」巴士車內、札幌市內巴士總站
1日 りほーだいきっぷ	JR北海道巴士（高速巴士除外）	800日圓	一般路線巴士車內、各營業處等

1日乘車券洽詢

●札幌市交通局(交通服務中心)
☎011-232-2277
●JR北海道巴士
☎011-241-3771

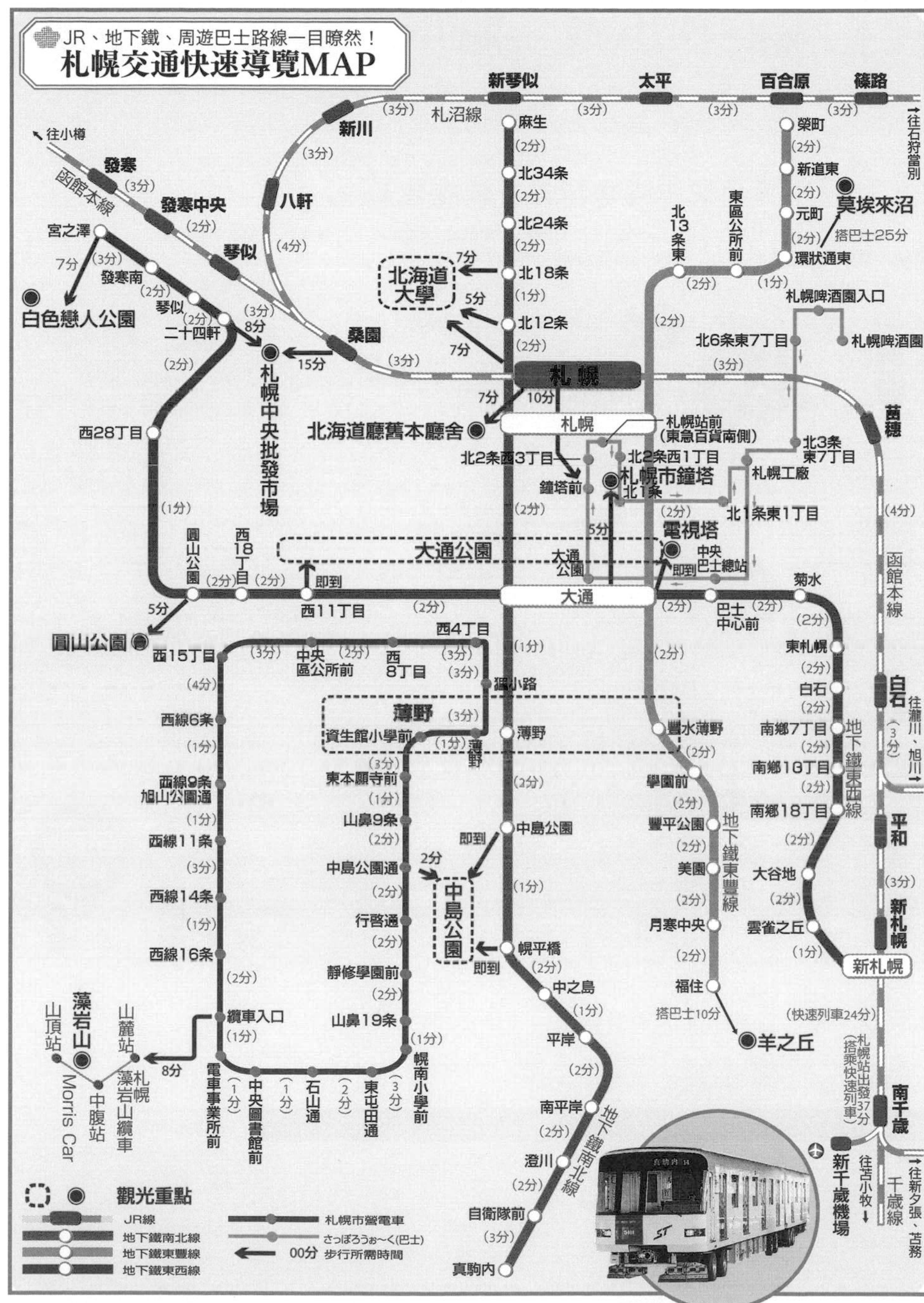
JR、地下鐵、周遊巴士路線一目瞭然！
札幌交通快速導覽MAP
新琴似
太平
百合原
篠路
往石狩當別
札沼線
新川
八軒
往小樽
發寒
函館本線
發寒中央
琴似
桑園
札幌
苗穗
白石
往瀧川、旭川
平和
新札幌
南千歲
新千歲機場
往苫小牧
往新夕張、苫務
千歲線
函館本線
(快速列車24分)
札幌站出發37分(搭乘快速列車)
麻生
北34条
北24条
北18条
北12条
大通
薄野
中島公園
幌平橋
中之島
平岸
南平岸
澄川
自衛隊前
真駒內
地下鐵南北線
榮町
新道東
元町
環狀通東
北13条東
東區公所前
豐水薄野
學園前
豐平公園
美園
月寒中央
福住
地下鐵東豐線
宮之澤
發寒南
琴似
二十四軒
西28丁目
圓山公園
西18丁目
西11丁目
菊水
東札幌
白石
南鄉7丁目
南鄉13丁目
南鄉18丁目
大谷地
雲雀之丘
新札幌
地下鐵東西線
北海道大學
白色戀人公園
札幌中央批發市場
北海道廳舊本廳舍
札幌市鐘塔
電視塔
大通公園
圓山公園
莫埃來沼
搭巴士25分
札幌啤酒園入口
札幌啤酒園
北6条東7丁目
北3条東7丁目
札幌工廠
札幌站前(東急百貨南側)
北2条西1丁目
北2条西3丁目
鐘塔前
北1条
北1条東1丁目
大通公園
中央巴士總站
巴士中心前
羊之丘
搭巴士10分
即到
西4丁目
西8丁目
中央區公所前
西15丁目
狸小路
薄野
資生館小學前
東本願寺前
山鼻9条
中島公園通
行啓通
靜修學園前
山鼻19条
幌南小學前
東屯田通
石山通
中央圖書館前
電車事業所前
纜車入口
西線16条
西線14条
西線11条
西線9条旭山公園通
西線6条
中島公園
藻岩山
山頂站
山麓站
中腹站
札幌藻岩山纜車
Morris Car
觀光重點
JR線
地下鐵南北線
地下鐵東豐線
地下鐵東西線
札幌市營電車
さっぽろうぉ～く(巴士)
00分 步行所需時間

從札幌前往小樽、旭川、美瑛、富良野

從札幌前往港都 小樽，知名的旭山動物園，自然美景豐富的美瑛、富良野。
抓住利用交通工具的訣竅，讓旅行變得更加充實吧。

前往小樽和旭川搭乘JR巴士較方便

前往小樽及旭山動物園所在地旭川，搭乘JR及高速巴士較方便。兩者班次都很多也很容易上手。
美瑛、富良野的火車及巴士班次很少，比較推薦租車觀光。

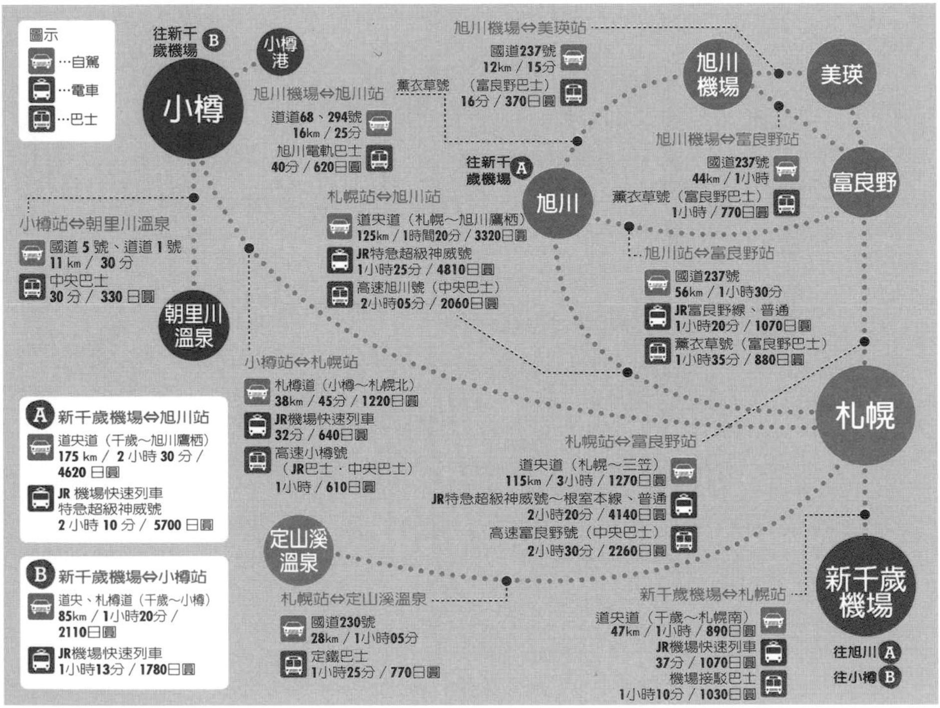

圖示
- …自駕
- …電車
- …巴士

小樽　小樽港　往新千歲機場 B
朝里川溫泉
旭川　往新千歲機場 A
旭川機場　美瑛　富良野
札幌
定山溪溫泉
新千歲機場　往旭川 A　往小樽 B

旭川機場⇔美瑛站
- 國道237號 12km / 15分
- 薰衣草號（富良野巴士） 16分 / 370日圓

旭川機場⇔旭川站
- 道道68、294號 16km / 25分
- 旭川電軌巴士 40分 / 620日圓

旭川機場⇔富良野站
- 國道237號 44km / 1小時
- 薰衣草號（富良野巴士） 1小時 / 770日圓

小樽站⇔朝里川溫泉
- 國道5號、道道1號 11 km / 30分
- 中央巴士 30分 / 330日圓

札幌站⇔旭川站
- 道央道（札幌～旭川鷹栖） 125km / 1時間20分 / 3320日圓
- JR特急超級神威號 1小時25分 / 4810日圓
- 高速旭川號（中央巴士） 2小時05分 / 2060日圓

旭川站⇔富良野站
- 國道237號 56km / 1小時30分
- JR富良野線、普通 1小時20分 / 1070日圓
- 薰衣草號（富良野巴士） 1小時35分 / 880日圓

小樽站⇔札幌站
- 札樽道（小樽～札幌北） 38km / 45分 / 1220日圓
- JR機場快速列車 32分 / 640日圓
- 高速小樽號（JR巴士・中央巴士） 1小時 / 610日圓

札幌站⇔富良野站
- 道央道（札幌～三笠） 115km / 3小時 / 1270日圓
- JR特急超級神威號～根室本線、普通 2小時20分 / 4140日圓
- 高速富良野號（中央巴士） 2小時30分 / 2260日圓

札幌站⇔定山溪溫泉
- 國道230號 28km / 1小時05分
- 定鐵巴士 1小時25分 / 770日圓

新千歲機場⇔札幌站
- 道央道（千歲～札幌南） 47km / 1小時 / 890日圓
- JR機場快速列車 37分 / 1070日圓
- 機場接駁巴士 1小時10分 / 1030日圓

A 新千歲機場⇔旭川站
- 道央道（千歲～旭川鷹栖） 175 km / 2小時30分 / 4620日圓
- JR機場快速列車 特急超級神威號 2小時10分 / 5700日圓

B 新千歲機場⇔小樽站
- 道央、札樽道（千歲～小樽） 85km / 1小時20分 / 2110日圓
- JR機場快速列車 1小時13分 / 1780日圓

小重點　有效利用划算的周遊券吧

前往小樽和旭山動物園，JR及巴士皆有販售划算車票。
還有附旭山動物園門票等優惠套票，可依個人需求購買。

票券名稱	有效期限	價格	特色
小樽フリーきっぷ（JR）	1日	從札幌站1940日圓	從出發車站至小樽站，附「小樽市區巴士1日乘車券」。
小樽1日フリーセット券（北海道中央巴士）	1日	從札幌1700日圓	札幌～小樽的高速巴士來回票，附「小樽市區巴士1日乘車券」。
旭山動物園きっぷ（JR）	1日	從札幌站6130日圓	含從出發車站至旭川站來回票＋旭川站前～動物園巴士來回票及動物園門票。
旭山動物園 來回巴士套票（北海道中央巴士）	1日	從札幌4700日圓	札幌發車的高速巴士旭川號來回票＋旭川站前～動物園巴士來回票+動物園門票。

周遊券洽詢

●JR北海道（電話服務中心）
☎011-222-7111
●北海道中央巴士
☎011-231-0500

◎標示價格為2015年10月之資訊

何不開車兜風呢？

道內的國道、道道、收費道路系統十分完善，讓開車旅行十分方便舒適。美瑛、富良野如全景之路路段上，開車本身就是一種享受。若租車、機票、車票一起事先預約，常會有折扣方案，十分推薦。

划算的租車服務

●機票＆租車
（ANA）

可在預約機票時一起在ANA官網上預約租車。VITZ或FIT等的基本小型車款，24小時約為7200日圓～（含免責補償費）。另外如Air DO、天馬航空也有提供超值的租車方案。

● 鐵路＆租車套票
（JR各公司）

在JR站綠色窗口，可購買特急乘車票券搭配上車站租車的套票。租賃小型車款為24小時內7400日圓（含免責補償費），另外JR車票還會有折扣。

路況看這裡！

●日本道路交通情報中心
北海道地方高速情報
☎050-3369-6760
北海道地方・札幌方面情報
☎050-3369-6601

●NEXCO東日本
☎0570-024-024
☎03-5338-7524

●Navi Time
若要搜尋路線就看這裡。可同時了解距離、時間、費用。
http://www.navitime.co.jp/

●NEXCO東日本
若要了解ETC折扣資訊就看這個網站。還有豐富的休息站相關資訊。
http://www.e-nexco.co.jp/

小重點 新千歲機場周邊的租車公司

新千歲機場附近有不少大型租車公司。除新千歲機場及小樽等劃在同一區域內的地點，若在旭川等區域外地點租車需另外支付異地還車費，要特別注意。

租車洽詢

●TOYOTA（豐田）租車
☎0800-7000-111

●Nippon租車
☎0800-500-0919

●Times租車
☎0120-00-5656

●日產租車
☎0120-00-4123

●Orix（歐力士）租車
☎0120-30-5543

●Honda（本田）租車
☎0120-053-539

祭典、活動

有可欣賞繁花盛開的祭典及享受寒冬的活動等，建議可配合舉辦時間安排行程。

2月上旬約1周 札幌雪祭

北海道冬天的風情畫。主要會場大通公園共有大小130座雪雕並排。此外還有為精緻冰雕打上霓虹光的薄野會場，以及可體驗各種冬季娛樂的社區巨蛋會場等共3個會場。

☞P41

2月上～中旬 小樽雪燈路

在小樽運河及手宮線遺址等市區各地舉行。約200個玻璃浮球蠟燭浮在水面。可在被溫暖燭光包圍的復古街道散步。

☎0134-32-4111(施行委員會)

地點 小樽運河(☞P86)等

7月下旬 中富良野薰衣草祭

位於半山腰的會場內可欣賞薰衣草、罌粟花、向日葵等多彩花朵。一定要試試從觀光纜車上看到的美景。還會有煙火及舞台表演。

☎0167-39-3033(施行委員會)

地點 中富良野町營薰衣草園(☞P122)等

北海道方言

北海道腔受到以東北腔為主等來自全國各地腔調的影響。雖說基本上與標準語很接近，但還是有很多獨特的用語。

なまら …十分、非常
あずましい …很舒適、放送
いずい …感覺不對、不舒服
おだつ …吵鬧、玩鬧
こわい …累了
しゃっこい … 冰的
なして …為什麼、為何
ばくる …交換
わや …亂七八糟、無法收拾貌

氣候、服裝

遼闊的北海道即使在同時期每個地區的氣候也各不相同。可採洋蔥式穿搭等容易調節溫度的服裝。

1～2月

一年中最嚴寒的時期。外套需蓋過到腰，選有防滑功能的鞋子最安心。

3～4月

直到4月上旬都還會下雪。由於融雪時地滑，最好穿有防滑功能的鞋子。

5～6月

徹底進入春天。雖說沒有梅雨季但溫差大，最好帶件外套披著。

7～8月

白天可能會超過30度，但早晚比想像中冷。必須帶件薄外套等。

9～10月

夏天的尾巴並不炎熱。在山上開始積雪的10月後必須穿較厚的外套。

11～12月

開始下雪，氣溫低於0度的日子逐漸變多，但室內十分溫暖。可以大外套自行調整。

札幌氣候小重點

市中心也綠意盎然，夏天涼爽。若想躲太陽就走地下道吧。

小樽氣候小重點

海風帶來降雪，冬天積雪有時會超過1m。

旭川氣候小重點

冷熱溫差大的盆地特有天氣型態。特別冬天是道內數一數二的冷。

INDEX 索引

札幌

外文字母

日文假名

二劃～五劃

六劃～九劃

十劃以上

觀光景點　遊樂景點　餐廳・餐館　咖啡廳・喫茶　居酒屋・酒吧　伴手禮店・商店　住宿設施　溫泉

小樽

外文字母

日文假名

三劃～五劃

六劃～十二劃

十三劃以上

余市、積丹半島

旭山動物園、美瑛、富良野

外文字母

日文假名

二劃～十劃

十一劃以上

新千歲機場

外文字母

日文假名

五劃～十三劃

叩叩日本 cocomiru

札幌 小樽
旭山動物園

【 叩叩日本系列 10 】
札幌 小樽
旭山動物園

作者 / JTB Publishing, Inc.
翻譯 / 鄧宜欣
校對 / 王凱洵
編輯 / 陳宣穎
發行人 / 周元白
出版者 / 人人出版股份有限公司
電話 / （02）2918-3366（代表號）
傳真 / （02）2914-0000
網址 / http://www.jjp.com.tw
地址 / 23145 新北市新店區寶橋路235巷6弄6號7樓
郵政劃撥帳號 / 16402311 人人出版股份有限公司
製版印刷 / 長城製版印刷股份有限公司
電話 / （02）2918-3366（代表號）
經銷商 / 聯合發行股份有限公司
電話 / （02）2917-8022
第一版第一刷 / 2016年12月
定價 / 新台幣320元

日本版原書名 / ココミル
日本版發行人 / 秋田　守
Cocomiru Series
Title: SAPPORO・OTARU・ASAHIYAMADOUBUTSUEN

First published in Japan in 2016 by JTB Publishing, Inc. Tokyo
Chinese translation rights arranged with JTB Publishing Inc.
through Creek & River Co., Ltd. Tokyo

國家圖書館出版品預行編目（CIP）資料

札幌 小樽 旭山動物園 / JTB Publishing, Inc.作 ；鄧宜欣翻譯. -- 第一版. -- 新北市：人人, 2016.12
面； 公分. --（叩叩日本系列；10）
ISBN 978-986-461-070-9（平裝）
1.旅遊 2.日本北海道
731.7909　　105018353

LLM

本書中的各項費用，原則上都是取材時確認過，包含消費稅在內的金額。但是，各種費用還是有可能變動，使用本書時請多加注意。

◎本書中的內容為2015年9月底的資訊。發行後在費用、營業時間、公休日、菜單等營業內容上可能有所變動，或是因臨時歇業等而有無法利用的狀況。此外，包含各種資訊在內的刊載內容，雖然已經極力追求資訊的正確性，但仍建議在出發前以電話等方式做確認、預約。此外，因本書刊載內容而造成的損害賠償責任等，弊公司無法提供保證，請在確認此點之後再行購買。
◎本書刊載的商品僅為舉例，有售完及變動的可能，還請見諒。
◎本書刊載的入園費用等為成人的費用。
◎公休日省略新年期間、盂蘭盆節、黃金週的標示。
◎本書刊載的利用時間若無特別標記，原則上為開店（館）～閉店（館）。最後點菜及入店（館）時間，通常為閉店（館）時刻的30分～1小時前，請多留意。
◎本書刊載關於交通標示上的所需時間僅供參考，請多留意。
◎本書刊載的住宿費用，原則上單人房、雙床房是1房的客房費用；而1泊2食、1泊附早餐、純住宿，則標示2人1房時1人份的費用。金額是以採訪時的消費稅率為準，包含各種稅金、服務費在內的費用。費用可能因季節、人數而有所變動，請多留意。
◎本書刊載的溫泉泉質、效能為源泉具備的性質，並非個別浴池的功效；是依照各設施提供的資訊製作而成。
◎本書に掲載した地図の作成に当たっては、国土地理院長の承認を得て、同院発行の50万分の1の地方図及び2万5千分の1地形図、数值地図50mメッシュ（標高）を使用しています。(承認番号平23情使、第192-455号／平23情使、第193-198号)